過好日

該知道的

法律權利

現代人一定
要知道的48個關於
親情、愛情、友情的
法律常識

張建鳴
莊佳樺 律師／著

目錄

自序

親密夫妻，也需知己知彼

　　時代變遷，現今社會經濟蓬勃發展，科技電子產品日新月異，尤其智慧型手機的盛行，全面影響了人與人的互動交往方式，公車上、捷運上常常見到路人成了「低頭族」，但是，網路世界畢竟是虛擬的存在，「家庭」才是真實供人休憩的避風港，每個人內心總是期待有個溫暖和諧的家庭。

　　步入婚姻的佳偶，想必都經過雙方互許承諾，願意彼此互相照應，共組家庭，但婚姻關係，不僅僅是夫妻二人身分上的變動，結婚後有關各種家務負擔及生活開銷、與伴侶的長輩、家屬的相處、日後生子育女的規劃等，對於對剛成家的新婚夫妻可謂是一種挑戰。我國近來年對於婚姻、親屬法律關係經過立法者多次修法，例如結婚改採登記制、法定夫妻財產制的修改、增訂保障未成年子女權益的特別法，這些法律的修正都大大影響到夫妻婚姻關係中各自的權利義務，但一般讀者恐怕都不清楚每次的修

法，新法的規定與以往的法律有何等不同。本書的出版，就是希望以主題式的案件為例，透過整理法院判決，協助讀者了解我國現行的法律規定，日後不管是讀者自己或親友，如有遇到相類似的法律問題，可以藉著參考法院判決內容，及時的主張權利。

即使親密如夫妻，每個人還是各有其獨立性，婚後生活上難免有意見不合之處，有待夫妻互相包容適應，但如果夫妻間因爭執導致有肢體上的傷害行為，此等刑事違法行為，應當遏止。以往民間常有「家醜不可外揚」的心態，難免見到有些在家庭生活中受到不當對待的一方一再隱忍，每每見到類似「子為護母而弒家暴父」、「懷疑愛人移情別戀，怒刀揮傷同居人」、「兄弟爭產互毆，老母心傷」等社會新聞，常令人遺憾唏噓。雖然家庭暴力防治法公布施行多年，也設有諸多協助弱勢之機構，法令規範了尋求保護協助的方式，但新聞事件中的受害人，其等在受害之前，如果能夠及時主張權利，或許人生困境即可扭轉。經由本書所整理相關的案例及法條規定，希望能夠協助受到家暴的受害者，適時的主張法律上權利，積極的面對問題以獲得救助的機會

一旦結婚，夫妻二人就互負有忠實義務，彼此間的法律上權利義務關係更是相互牽扯，筆者身為執業律師，在處理相關的婚姻法律糾紛案件中，難免聽聞當事人感嘆婚姻生活不若當初所想的簡單，在此只能勸諭讀者，婚姻無法兒戲，不管是結婚前或是結婚後，相關的法律上權利義務都應及時了解，以免日後真的發

生糾紛後追悔莫及，也祝福天下有情人都能相守偕老，婚姻生活幸福。

莊佳樺律師、張建鳴律師

2014.11.06於安皓法律事務所

第一部

權益早知曉，
及時主張免困擾

公司業務減縮，資遣40歲以上員工，是否構成「年齡歧視」？

　　企業僱用員工，雖可依其需求制定其僱用條件，但仍需符合法律規定。以往曾聽聞企業僱用員工時會要求員工在僱用契約上簽署「單身條款」、「禁孕條款」，一旦員工結婚或懷孕就要求員工自請離職，此等約定已經違反了「就業服務法」、「性別工作平等法」等法律，此約定不但因為違法會遭法院認定為無效，而且雇主還會受到行政罰鍰，宜予注意。

 法院實際案例分享

　　曉萱在公司任職12年，辛苦工作升到主任，公司最近以營運狀況不佳、業務減縮，需要資遣員工為由，資遣了曉萱及其他5名在公司任職10年以上的員工，曉萱認為公司未通盤考量全部公司員工的績效表現，而是專門針對年紀40歲以上員工惡意的資遣，主張公司優先裁減年齡較長員工構成年齡歧視，向主管機關提出檢舉。

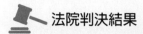 **法院判決結果**

最高行政法院101年判字第1036號行政判決

查就業服務法第5條第1項所稱歧視係指雇主無正當理由而恣意實施差別待遇而言（其立法理由參照）。目的在避免雇主以與工作無直接關聯之原因，而予求職者或受僱者不平等之待遇，以保障國民就業機會之平等，從而促進國民就業，以增進社會與經濟之發展。該條項規定明文禁止雇主以年齡為限制條件而致「年齡就業歧視」，其立法意旨在於雇主在求職者或受僱者之求職或就業過程，不得因年齡因素而對之為直接或間接之不利對待，是無論雇主係以直接以年齡因素，設定為僱用員工、解僱員工或給予員工福利之條件，或雖未直接以年齡為條件，但間接設定其他因素，並因該因素連結之結果，將與年齡發生必然之關聯，終致員工將因年齡因素而與勞動條件發生牽連，均應認係因年齡因素而予員工不當之歧視，始為允當。原審認上訴人顯有因年齡較長之空服員，其薪資所得亦較高之情形，而為節省人事成本，而優先資遣年齡較長、薪資所得較高之空服員之年齡歧視，而維持原處分以上訴人有違就業服務法第5條第1項規定，依同法第65條第1項所為之系爭裁罰，自無不合。

法條停看聽

雇主因公司業務減縮，欲主張勞動基準法第11條第4款「業務性質變更，有減少勞工之必要，又無適當工作可供安置時」與員工終止勞動契約者，法院實務見解認為，所謂「業務性質變更」，概指雇主所經營之營業項目、產品種類、生產技術、組織結構等項，出於經營決策與生存所需，考量工商發展與勞動市場之條件與變化，在必要與合理程度內所為之變更者而言，此須綜合一切客觀情狀加以觀察，必以雇主確有營業性質變更、有減少勞工必要之事實，而無從繼續僱用勞工之情形，始足當之。如果雇主不能證明減少勞工的必要性即行資遣員工，則可能被認定是違法資遣，被資遣的員工可以訴請回復僱用關係。

別讓你的權利睡著了

偶有見到某些企業在招募員工的求才欄上記載「限女性，年30歲以下，未婚、長相清秀」、「限男性、身高170以上」，或者是有些企業在應徵員工時，要求員工簽署「禁婚條款」、「禁

孕條款」等等，但依就業服務法第5條第1項及第2項規定，「爲
保障國民就業機會平等，雇主對求職人或所僱用員工，不得以種
族、階級、語言、思想、宗教、黨派、籍貫、出生地、性別、性
傾向、年齡、婚姻、容貌、五官、身心障礙或以往工會會員身分
爲由，予以歧視；其他法律有明文規定者，從其規定。」「雇主
招募或僱用員工，不得有下列情事：一、爲不實之廣告或揭示。
二、違反求職人或員工之意思，留置其國民身分證、工作憑證或
其他證明文件，或要求提供非屬就業所需之隱私資料。三、扣留
求職人或員工財物或收取保證金。四、指派求職人或員工從事違
背公共秩序或善良風俗之工作。五、辦理聘僱外國人之申請許
可、招募、引進或管理事項，提供不實資料或健康檢查檢體。」

　　也就是說，除非是法律有特別規定的行業，一般而言，雇
主如果在求才廣告表明只僱用年紀30歲以下、長相清秀的未婚女
性，或者是限制一定身高以上的男性，這些都已構成性別、年
齡、婚姻、容貌等歧視，已違反了就業服務法，主管機關可對違
法之企業課處新台幣30萬元以上至150萬元以下罰鍰。

　　以前述案件爲例，曉萱任職的公司雖然沒有言明專門針對年
齡超過40歲以上的員工進行資遣，但法院綜合調查相關事證，認
定公司是爲了節省人事成本，而優先資遣年齡較長、薪資所得較
高之員工，構成年齡歧視，所以認同維持了主管機關對公司的罰
鍰處分。一樣的道理，若僱主只資遣單一性別的員工，也可能被

認定為歧視，而有違法之虞。

　　企業如有違反就業服務法第5條規定者，各縣市政府分別訂有裁罰標準，以台北市政府所訂裁罰基準為例，如果雇主對求職人或所僱用員工、階級、語言、思想、宗教、黨派、籍貫、出生地、性別、性傾向、年齡、婚姻、容貌、五官、身心障礙或以往工會會員身分為由，予以歧視，其裁罰基準略為：第一次違反：處30至60萬元；第二次違反：處60至90萬元；第三次違反：處90至150萬元；第四次以上違反：處150萬元。企業主宜切實遵守法令，否則將有受到高額行政罰鍰之危險。

律師小學堂

就業服務法施行細則第2條規定，主管機關為認定有無構成就業歧視時，得邀請相關政府機關、單位、勞工團體、雇主團體代表及學者專家組成「就業歧視評議委員會」。希望藉由公平客觀之評議過程，以保障國民就業機會。求職者如認為自己受有就業歧視，可依法向當地主管機關提出申訴，以保障自身就業權利。

同事常講黃色笑話，
令人覺得尷尬，該怎麼辦？

現代人工作壓力大，與同事工作相處的時間有時可能比跟家人同聚的時間還長，偶有遇到一、二位同事會把講黃色笑話當作開玩笑，但每人的個性南轅北轍，有的人或許覺得好笑，有的人聽了可能感覺不舒服，要怎麼調整同事相處之道呢？

法院實際案例分享

惠玉的老闆經常會調侃惠玉的身材，甚至常說惠玉「胸大無腦」或者其他侮辱的字眼，惠玉能否主張遭到老闆的性騷擾呢？

法院判決結果

臺北高等行政法院101年簡字第471號行政判決

依性騷擾防治法第2條第2款內容，可知行為是否構成性騷擾，係以被害人是否心生恐懼、被冒犯及察覺他人存有敵意等感受為判斷標準，故著重於被害人個人之主觀感受及所受影響，而非行為人有無侵犯被害人之意圖。如行為人之行為，既違反被害人之意願，並使被害人感受被冒犯，則其自

係以與性或性別有關、且具侮辱性質之行為，不當影響被害人正常生活之進行，構成該款所稱之性騷擾。

法條停看聽

性別工作平等法第12條關於性騷擾之定義，分別為「受僱者於執行職務時，任何人以性要求、具有性意味或性別歧視之言詞或行為，對其造成敵意性、脅迫性或冒犯性之工作環境，致侵犯或干擾其人格尊嚴、人身自由或影響其工作表現。」以及「雇主對受僱者或求職者為明示或暗示之性要求、具有性意味或性別歧視之言詞或行為，作為勞務契約成立、存續、變更或分發、配置、報酬、考績、陞遷、降調、獎懲等之交換條件。」

別讓你的權利睡著了

按性騷擾之認定，應係以被害人之被侵犯感受出發，是從被害人個人之觀點思考，著重於被害人之主觀感受及所受影響，而非以行為人之侵犯意圖判定。故性騷擾事件應依個案事件發生之背景、當事人之關係、環境、行為人言詞、行為及相對人認知等

具體事實綜合判斷，在「合理被害人」的標準下，認定是否構成性騷擾，非單以被害人之被侵犯感或個人認知、主觀感受予以認定。

除了性別工作平等法規定雇主不得對員工性騷擾外，如果是來自同事、朋友甚至陌生人的性騷擾，依據性騷擾防治法第13條的規定「性騷擾事件被害人除可依相關法律請求協助外，並得於事件發生後一年內，向加害人所屬機關、部隊、學校、機構、僱用人或直轄市、縣（市）主管機關提出申訴。」若調查屬實，主管機關可依據性騷擾防治法第20條的規定對加害人處新臺幣1萬元以上10萬元以下罰鍰。

若性騷擾的程度已經屬於「意圖性騷擾，乘人不及抗拒而為親吻、擁抱或觸摸其臀部、胸部或其他身體隱私處之行為者」，那除了觸犯性別工作平等法之外，也會構成性騷擾防治法第25條的性騷擾罪，可處兩年以下有期徒刑，但因屬告訴乃論罪，所以被害人需在六個月內提出告訴。

此外，性騷擾的被害人也可以請求調解求償，若調解不成，可以請縣市政府的性騷擾防制委員會將案件移送地方法院審理，在這個情形下，免徵第一審裁判費用，所以遭受到性騷擾時，一定要勇敢挺身而出，捍衛自己的權益。

律師小學堂

所謂性騷擾並不是看加害人自己的騷擾企圖,而是被害人的被侵害感,所以在日常生活中的言行舉止,一定要特別謹慎注意,而自身若對他人的言行舉止感受到性或性別上冒犯,也可以立即提出要求制止,以免加害人不知情而變本加厲,最終演變成難以收拾的法律爭執。

請「生理假」會被扣薪嗎？

　　女性就業在生理和體能上跟男性相比，總是會有比較不同的地方。除了因懷孕時身體不適也不敢隨便請假外，就連「好朋友」來，即便痛到冒冷汗、手腳發抖，也不敢隨便請假，一來擔心老闆不高興，二來也不想因此被扣薪。不過，這個每月必報到的「好朋友」到訪，若造成身體上的極度不適，到底能不能請假呢？

 法院實際案例分享

　　凱莉擔任空姐多年，因為工作壓力大，每每生理期時都腹痛不已，有時還會痛到無力工作想要請假，但公司規定請病假一定要事先報備獲准，以免影響出勤人員排班。凱莉認為公司要求請生理假要事先報備，而且規定請假期間不能出國，公司所訂的規定過多而不合理。到底請「生理假」的手續要怎麼辦才合理？

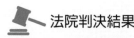 **法院判決結果**

高等法院96年重勞上字第5號民事判決
針對上訴人（航空公司）所屬員工請病假期間出國之要件，

性質上應屬工作規則，既經上訴人為員工之服務規律所統一訂定，業已公告周知，且系爭通知針對員工請病假期間出國者，「原因以就醫或其他不得已之原因為限，於出境前應報備，返國後一週內繳交證明文件」之規範內容，本院斟酌：人力資源乃企業雇主之重要資源，員工因身體不適得請病假以資休養生息，員工自當以治療或休養為第一要務，且上訴人就員工請病假期間仍支給半薪，有上訴人規範之系爭管理辦法第5章第2條第8項第2款所明定，並為兩造所不爭執，則上訴人於員工請病假期間要求員工切實治療、休養，勿於病假期間出國旅遊，延宕身體健康回復時間，影響上訴人之人力調度，有其合理性及必要性，再參系爭通知係採報備制，而非審查制；出國事由包括就醫及其他不得已之概括事由，法律效果自申誡至一大過，有個案之裁量空間，難謂有任何違反公序良俗或強制禁止規定可言；若有未先報備逕行出國，出國後又未提出就醫或不得已事由之證明者，則員工之病情自有疑義，上訴人

法條停看聽

勞工請假規則第10條規定，勞工請假時，應於事前親自以口頭或書面敘明請假理由及日數。但遇有急事或緊張事故，得委託他人代辦請假手續。辦理請假手續時，雇主得要求勞工提出有關證明文件。

視為係「病假事由虛假不實」據以懲處，亦難謂有任何不當
聯結可言。

別讓你的權利睡著了

勞工請假規則第4條第2規定，「普通傷病假一年內未超過
三十日部分，工資折半發給，其領有勞工保險普通傷病給付未達
工資半數者，由雇主補足之。」也就是說，請病假的時候只能領
半薪，換種說法就是「扣半薪」

但是，性別工作平等法第14條特別規定，「女性受僱者因生
理日致工作有困難者，每月得請生理假一日，全年請假日數未逾
三日，不併入病假計算，其餘日數併入病假計算。前項併入及不
併入病假之生理假薪資，依各該病假規定辦理。」所以，女性員
工相較於男性員工，在同一年內多了「三天」的「生理假」可以
不計入病假的日數內計算。要注意的是，「生理假」本質上還是
屬於病假，因此生理假期間，工資仍是折半發給。

案例中，凱莉未遵守公司所訂的請假規則，公司對之予以記
大過處分，法院認為是公司管理員工的職權行使，並無不當。該
工作規則除違反法律強制禁止規定或公序良俗外，應成為勞動契
約內容之一部，此由勞動基準法（下稱勞基法）第70條第6款規
定，雇主應依事業性質，就有關考勤、請假、獎懲等事項訂立工

作規則可明。

律師小學堂

性別工作平等法在103年6月18日修正後,讓女性員工多了三天「生理假」,但如果雇主不同意女性員工依法請生理假,依性別工作平等法第33條規定,員工得向地方主管機關(如勞工局)提出申訴。地方主管機關也會在接到申訴後七日內調查,並得依職權對雇主及員工進行協調。

懷孕就被要求留職停薪，合法嗎？

懷孕十月，孕婦在懷孕期間總是有諸多不便，有的公司以擔心孕婦身體無法負荷為由，要求懷孕的員工辦理留職停薪，公司的主張合法嗎？

 法院實際案例分享

小梅在工廠擔任行政人員三年多，懷孕後常被總經理藉故挑剔，總經理先以公司政策改變為由，要求小梅從總務行政工作轉作客服兼業務開發，之後又向小梅表示，怕她無法勝任業務工作，要求小梅辦理留職停薪，如果小梅不辦理留職停薪，公司會以小梅無法勝任工作為由資遣她。小梅害怕被資遣，但也不想辦留職停薪，該怎麼辦？

 法院判決結果

台北高等行政法院99年簡字第869號行政判決
就原告所提供之小梅任職期間出缺勤紀錄可知，小梅於96年、97年時，已有發生不正常出缺勤狀況，而原告於當下

亦未予懲處，反而於得知小梅有懷孕事實後才以此為由，表示其不適任且有曠職一說，益見其有於懷孕事實發生前後差別待遇之情。況縱小梅自任職兩年多來，曾有諸多出勤不正常、引起其他櫃檯人員不滿、情緒管控不佳、對員工同仁態度惡劣甚或引發客訴之種種情形，卻又未見原告自始有何輔導糾正甚或處分，及至小梅發生之懷孕事實後，始謂其不能勝任櫃檯工作，實難謂原告未對小梅懷孕有差別不利之對待。

綜上所述，小梅既已具體指明原告對其與其他員工間之差別待遇，對懷孕員工構成不友善之行為，惟原告就其所為差別待遇並非性別因素一節，並未盡其舉證之責，其主張自屬無據，而應受不利益之認定。從而，被告以原告違反性別工作平等法第11條第1項規定，經審酌原告應受責難之程度及其資歷，而依同法第38條之1規定暨被告處理違反性別工作平等法事件統一處理及裁罰基準第3點第5項規定，處以法定最低額之罰鍰10萬元，於法無違。

台北高等行政法院101年度簡字第25號行政判決

受僱者或求職者於釋明差別待遇之事實後，雇主應就差別待遇之非性別因素，或該受僱者或求職者所從事工作之特定性別因素負舉證責任，係因雇主之於勞工常居於較為優勢之地位，雇主究否因性別因素而對受僱者在退休、資遣、離職及

解僱等之處置上為直接或間接不利之對待，受僱者往往舉證不易，故法律明定受僱者僅需善盡釋明之責，舉證責任即轉換至雇主，此揆諸首揭性別工作平等法第31條規定自明。

本件原告既經其員工向被告所屬勞工局申訴有懷孕歧視之差別待遇情事，並提出非自願離職證明書、產檢紀錄及診斷證明書等以為釋明後，依首揭規定及說明，原告即應就其所為資遣決定並非基於性別因素所為之差別待遇乙節，負舉證責任。

法條停看聽

僱主如無法舉證調動孕婦職務並非不利對待，就可能構成歧視，而遭受裁罰。

別讓你的權利睡著了

性別工作平等法第11條第2項規定：「工作規則、勞動契約或團體協約，不得規定或事先約定受僱者有結婚、懷孕、分娩或育兒之情事時，應行離職或留職停薪；亦不得以其為解僱之理由。」如果雇主以員工懷孕為由，要求員工應離職或辦理留職停薪，依性別工作平等法第38條之1規定，主管機關得課處雇主新臺幣10萬元以上50萬元以下罰鍰。

考量到懷孕的員工行動較為不便，身體狀況也要多加注意，勞動基準法第51條規定：「女工在妊娠期間，如有較為輕

易之工作，得申請改調，雇主不得拒絕，並不得減少其工資。」
所以如果雇主對懷孕的員工諸多挑剔，或者刁難要求員工做較費
力的工作，員工如果認爲受有差別待遇，即可依法提出檢舉、申
訴。

　　而且，性別工作平等法第31條規定：「受僱者或求職者於
釋明差別待遇之事實後，雇主應就差別待遇之非性別、性傾向因
素，或該受僱者或求職者所從事工作之特定性別因素，負舉證責
任。」在這種狀況下，只要員工適當說明受到差別待遇的事實，
則雇主就應對於其並未對員工有差別待遇一事舉證，如雇主舉證
不足，即可能會受到不利益的認定甚至被處罰鍰。

📌 **律師小學堂**

勞動基準法第50條規定，「女工分娩前後，應停止工作，給予產假八星期；妊娠三個月以上流產者，應停止工作，給予產假4星期。前項女工受僱工作在六個月以上者，停止工作期間工資照給；未滿六個月者減半發給。」因此，懷孕的員工如果在原公司工作滿六個月者，分娩前後可向雇主請八星期的產假，雇主應照給薪資；如果在原公司工作未滿六個月者，公司在其產假期間則應給予半薪。有的公司為了迴避這規定，會要求懷孕員工辦留職停薪甚至解僱員工者，這都會違反勞動法令。

依勞動基準法第30條規定，勞工在產假期間，雇主不得終止契約。雇主如果違反，依同法第78條規定，主管機關可處新台幣9萬至45萬元之罰鍰。員工如果因懷孕被雇主解僱，可以主張解僱違法，訴請回復原本僱用關係。

請育嬰假會不會無法再回原公司上班？

　　職業婦女事業家庭兩頭燒，考量到托嬰費用高昂，考慮向公司請育嬰假，但是，請了育嬰假以後想再回到原公司工作，會不會困難重重呢？

 法院實際案例分享

　　碧君剛生了小寶寶，想請育嬰假，口頭向公司提出要辦理留職停薪，但公司以碧君未依「育嬰留職停薪實施辦法」所定程序，以書面提出相關資料供公司審核為由，不同意碧君的育嬰假申請。碧君該怎麼辦？

 法院判決結果

最高行政法院101年判字第313號行政判決

按法令規定法律行為應遵守一定之程序或方式者，若無特別規定不能事後補正，本於法律行為有效性之原則，應准許當事人提出補正。本件依性別工作平等法第16條第4項所授權訂定之育嬰留職停薪實施辦法第2條規定，受僱者申請育嬰留職

停薪應事先以書面向雇主提出，惟並無明文規定不得事後補正，本件受僱人曾於99年5月24日以口頭向上訴人之負責人提出育嬰假的需求，當下立刻遭到拒絕，為原審所確定之事實，則原判決認受僱者申請育嬰留職停薪苟未依前開育嬰留職停薪實施辦法所定程序以書面提出相關資料供核，上訴人仍應先命其補正，倘申請育嬰假者拒絕提供或所提文件資料仍未符合性平法等所規定申請育嬰假之要件，始得拒絕申請等語，揆之以上說明，並無違誤，亦無上訴意旨所指欠缺法律上依據，或增加法令所無限制之情事。

法條停看聽

「育嬰留職停薪實施辦法」第2條規定，受僱者申請育嬰留職停薪，應事先以書面向雇主提出。前項書面應記載下列事項：一、姓名、職務。二、留職停薪期間之起迄日。三、子女之出生年、月、日。四、留職停薪期間之住居所、聯絡電話。五、是否繼續參加社會保險。六、檢附配偶就業之證明文件。前項育嬰留職停薪期間，每次以不少於六個月為原則。另外並應注意同法第7條規定，受僱者於育嬰留職停薪期間，不得與他人另訂勞動契約。

別讓你的權利睡著了

性別工作平等法第16條規定：「受僱者任職滿一年後，於每一子女滿三歲前，得申請育嬰留職停薪，期間至該子女滿三歲止，但不得逾二年。同時撫育子女二人以上者，其育嬰留職停薪期間應合併計算，最長以最幼子女受撫育二年為限。受僱者於育嬰留職停薪期間，得繼續參加原有之社會保險，原由雇主負擔之保險費，免予繳納；原由受僱者負擔之保險費，得遞延三年繳納。育嬰留職停薪津貼之發放，另以法律定之。育嬰留職停薪實施辦法，由中央主管機關定之。」

讀者家中如果有未滿三歲的嬰幼兒，依法令規定，可以在該子女滿三歲前，以書面向公司申請育嬰留職停薪，而育嬰留職停薪的期間，原則上不少於六個月，最長不得逾二年。如果超過二年，員工就無法依法向雇主提出復職申請，應予注意。

同法第17條規定，育嬰留職停薪的員工，在期滿後申請復職，雇主不得拒絕；例外在下列情形下，且經主管機關同意者：一、歇業、虧損或業務緊縮者。二、雇主依法變更組織、解散或轉讓者。三、不可抗力暫停工作在一個月以上者。四、業務性質變更，有減少受僱者之必要，又無適當工作可供安置者。雇主可拒絕讓員工復職，但雇主應在三十日前通知員工，並應依法定標準發給員工資遣費或退休金。雇主如果未依法讓員工辦理復職或

是給予資遣費、退休金者，員工如受有損害，可請求雇主負損害賠償責任。

🧷 律師小學堂

雖然法令規定有「育嬰假」，但職場競爭激烈，現實案例中請育嬰假的員工似乎不多，家中有嬰幼兒的讀者或許可以另外參考性別工作平等法第19條之規定：「受僱於僱用三十人以上雇主之受僱者，為撫育未滿三歲子女，得向雇主請求為下列二款事項之一：一、每天減少工作時間一小時；減少之工作時間，不得請求報酬。二、調整工作時間。」透過這規定，可以彈性的照顧家中幼兒，又兼顧公司工作。

同法第21條及第26條並規定，員工為上開請求時，雇主不得拒絕，而且不得以此視為缺勤而影響員工全勤獎金、考績。如果雇主不同意員工的請求致員工受有損害者，員工得請求雇主負賠償責任。

第二部

謹慎小心
才能常保美滿的未來

不怕嫁錯郎，就怕結錯婚！

　　兩情相悅步入禮堂是一件很幸福的事，但並不是每個步入禮堂的婚姻都是合法有效，而且在民國97年5月開始，結婚方式已經採登記生效制度，但仍然存在一些法律上的爭議，希望讀者看完以下案例之後，能夠以正確的方式結婚，以免結婚無效，莫名其妙變成單身。

 法院實際案例分享

　　美華與志明決定要結婚了，美華上班時在網路上下載結婚書約後，就請辦公室同事簽名，兩人辦妥結婚登記後，原以為就此過著幸福快樂的日子，但幾年後美華發現志明在外面有小三，打算提出通姦告訴，但志明卻說他們的婚姻無效，所以美華不能提出通姦告訴。

 法院判決結果

臺灣新北地方法院102年婚字第568號民事判決

按結婚應以書面為之，有二人以上證人之簽名，並應由雙方

當事人向戶政機關為結婚之登記，民法第982條定有明文。又按結婚不具備第982條之方式者，無效，民法第988條第1款定有明文。又結婚之證人於書面簽名，係為確保當事人結婚之真意，自須親見或親聞雙方當事人確有結婚真意，始足當之。本件兩造雖曾書立結婚證書並辦妥結婚登記，而有婚姻之形式，惟該結婚證書上所載證人在結婚證書上簽名時，被告並不在場，均不曾親自見聞兩造是否有結婚真意，是兩造結婚顯不合民法第982條所定應有二人以上證人之簽名之法定要件，依民法988條第1款規定為無效。

法條停看聽

結婚書約或者離婚協議上的證人，必須親自見聞雙方有結婚或離婚的意思，最好是約集證人跟當事人到場，確認證人已經知道簽名的意義，結婚或離婚的雙方當事人也都確實表達結婚或離婚的意思，以免日後婚姻關係生變。

別讓你的權利睡著了

在民國97年5月之前的結婚方式是採儀式婚，也就是必須有公開儀式及兩個以上的證人，若是欠缺儀式或證人，甚至這個儀式不是公開的（例如在病房內舉行婚禮），都是無效的婚姻。

為了杜絕這些爭議，97年5月23日起施行的民法第982條規

定「結婚應以書面爲之，有二人以上證人之簽名，並應由雙方當事人向戶政機關爲結婚之登記。」但即使如此，仍然衍生了很多問題，例如證人並未到場，而是由結婚之當事人代簽名或者是證人並未確定當事人有無結婚的意思，有這樣的情形時，都可能導致結婚無效，而使婚姻關係不存在。

因此，在結婚時，最好是邀請證人到場，講清楚結婚意思後。請結婚的當事人先簽名，再請證人簽名，這樣才能確保結婚符合法律程序，才能眞的讓王子與公主過幸福快樂的日子。

律師小學堂

除了結婚之外，離婚也需要書面及兩個證人，那就是說，如果離婚的證人有這個案例的瑕疵，也會導致離婚無效，一旦離婚無效，雙方就仍然會有夫妻關係存在，所以讀者一定要清楚結婚或離婚的法律程序，才不會誤認自己到底是不是有夫之婦或有婦之夫。

身分證的配偶登記不一定正確?!

離婚也可能會有無效的情形,在離婚無效的情形下,即便身分證上的配偶欄空白,仍然是與他人有夫妻關係存在,但除了離婚無效的情形外,是否有其他的情況也會導致身分證上的配偶欄與實際情形不同?

 法院實際案例分享

美茜與智勇在民國72年舉行公開儀式結婚並辦理登記,但等智勇身故之後,才聽聞原來智勇在民國65年就已經與他人舉辦過婚禮,只是後來沒有登記結婚,因此離婚也沒有辦理登記。

 法院判決結果

臺灣高等法院102年家上字第140號民事判決
按74年6月3日修正前同法第992條之規定,若有重婚,利害關係人得向法院請求撤銷之;同法第998條則規定結婚撤銷之效力,不溯及既往;故有配偶者重婚時,在後婚未經利害關係人請求法院撤銷前,不得否認後婚配偶之身分;本件雖於民

國40年間有重婚之事實，然該重婚符合行為時民法規定之法定要件，且未經利害關係人向法院訴請撤銷重婚，後婚仍屬有效。

法條停看聽

這個案例涉及以往一個法律漏洞的修訂，依據現行的民法第988條第3項但書規定，必須「重婚之雙方當事人因善意且無過失信賴一方前婚姻消滅之兩願離婚登記或離婚確定判決而結婚者」，才會使後婚有效。因此，若淑芬與智勇是民國74年6月3日之後才結婚的，那淑芬與智勇的婚姻就會是無效的婚姻，若是在民國74年6月3日之前才結婚，那他們的婚姻仍然有效，只是可被利害關係人聲請撤銷。

別讓你的權利睡著了

由於我國民法親屬編在這幾十年來修正頻繁，所以難免會有一些婚姻狀況橫跨三、四次修法，在這樣子的情形下，就得要注意每個時期法律的適用，以免身分關係遭否定，以下就將各時期的法律規定以簡單的表格說明如下：

發生時間	結婚方法	重婚規定
74年6月3日前	公開儀式，二個以上證人	後婚有效但得撤銷。
74年6月3日至97年5月23日	公開儀式，二個以上證人	除善意信賴兩願離婚登記或離婚判決外，後婚均無效。
97年5月23日以後	書面、二個以上證人、登記	除善意信賴兩願離婚登記或離婚判決外，後婚均無效。

　　因此，若要判斷婚姻是否合法成立，就要依據結婚時間來看是否符合結婚方法；後婚是否有效，就看後婚成立時的重婚規定，最擔心的是在民國97年5月23日前有結婚儀式，但沒有辦理結婚登記的案例，這樣前婚是有效的，但後婚又不符合善意信賴兩願離婚登記或離婚判決的規定，對後婚的相對人而言，是一個很無辜的情形。所以，結婚前除了看看配偶欄外，還是得多注意另一半的感情史，以免結了一個無效的婚姻。

　　另外，如果明知自己是已婚身分卻仍與他人重婚，便觸犯刑法第237條重婚罪，可處五年以下有期徒刑，若以詐術締結無效或得撤銷的婚姻，而婚姻確實遭法院判決無效或撤銷，也會觸犯刑法第238條的詐術締婚罪，可處三年以下有期徒刑，所以千萬不要以為婚姻無效只是恢復原本狀態，可能還得面對刑責。

律師小學堂

想想現在的新人的確是比較幸福，不用去考慮這些劃時代的
問題，但若讀者自己或另一半的狀況可能會有這些劃時代的
法律問題，最好是調查清楚，否則妾身末明，還有可能因此
吃上刑責。

可不可以後悔不嫁娶？

　　依據傳統的習俗，結婚前會有聘金、禮物等安排，但伴隨著舉辦婚禮而來的，不只是幸福，也會有婚前焦慮症等的困擾，若是兩人中有人不想娶或不想嫁了，又或者是選擇解除婚約，那些聘金、禮物該怎麼辦呢？

 法院實際案例分享
案例一

　　珮玉跟男友認識不久便決定訂婚，但訂婚後，卻發現兩人個性不合，男友能否要求強制執行婚約呢？

法院判決結果

最高法院27年上字第695號民事判例

婚約不得請求強迫履行，民法第975條定有明文，故婚約當事人之一方違反婚約，雖無民法第976條之理由，他方亦僅得依民法第978條之規定，請求賠償因此所受之損害，不得提起履行婚約之訴。

法條停看聽

由這則判例可以知道，婚約不能強制執行，只能請求不履行婚約的損害。

法院實際案例分享
案例二

　　淑芬與男友已交往三年多，兩人在三年前已先訂婚，訂婚時男方有提供聘金，訂婚後男方也有準備結婚戒指送給淑芬，但某日二人因細故吵架，淑芬一氣之下就說不嫁了，男友便要求淑芬返還聘金與戒指。

法院判決結果

最高法院81年台上字第2568號民事判決
聘金禮物乃預想他日婚約之履行，而以婚約之解除或違反為解除條件之贈與。並不以訂婚時所給與者為限，即在婚約存續中以上開目的所為贈與，亦應包括在內。

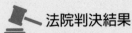

法條停看聽

依據最高法院這則判決，聘金、禮物是一種附條件的贈與，若是解除或違反婚約，贈與者就可以要求拿回去，而可要求拿回去的贈與，也不僅僅限於訂婚時給的才算，若是訂婚後，在結婚前為了安排婚禮或履行婚約而贈與的聘金禮物，一樣可以要求返還。

別讓你的權利睡著了

婚約與一般契約不同，不能夠強制執行，所以即使訂了婚，也不能夠確保一定會結婚，若是有一方不願意履行婚約，或者另一方發生法定解除婚約事由，例如違反婚期、與他人通姦、生死不明滿一年、犯罪受有期徒刑之刑、有花柳病或其他惡疾、訂立婚約後變成殘障等事由，都可能使婚約無法履行。

一旦婚約無法履行，贈與人就可以要求他方返還因訂定婚約而為之贈與者，但除了返還這些贈與之外，無過失之一方解除婚約之外，得向有過失之他方，請求賠償其因此所受之損害及精神慰撫金。

🔨 律師小學堂

各位讀者在簽訂婚約前一定要考慮清楚，一旦簽訂婚約之後，不要輕言不履行婚約或者仍在外風流，否則就可能得要面對解除婚約並要求賠償的風險。

已婚夫妻有什麼同居義務？

常聽說同居義務這個名詞，但既然有義務就要有履行方法，我們來看看法律如何規定同居義務履行吧！

 法院實際案例分享
案例一

佳芬的老公經常對她拳腳相向，佳芬不堪虐待，便跑回娘家居住，沒想到，她老公向法院起訴請求佳芬履行同居義務。

 法院判決結果

臺灣臺南地方法院100年婚字第419號民事判決

民法第1001條係規定，夫妻互負同居之義務。但有不能同居之正當理由者，不在此限；亦即，於婚姻關係尚持續中時，除非可證明有不堪同居之虐待之事實，或

 法條停看聽

所謂的惡意遺棄必須有拒絕同居之意思，且無正當理由而不與配偶同居，才算是違反同居義務，因此，在這個案例中，因為佳芬被老公家暴，所以不得不離家出走，是屬於有正當理由的情形，因此可以拒絕履行同居義務。

有其他理由外，應可認不得逕由夫妻之一方拒絕同居。

 法院實際案例分享
案例二

碧華與老公婚後，因為各有工作一直沒有同住，某日，老公居然要求碧華必須遷到老公住所履行同居義務。

法院判決結果

臺灣高等法院臺中分院87年家上字第135號民事判決

夫妻同居之義務，係對等之義務，並非妻單方之義務，故夫自無濫用職權，任意指定住所，要求妻必須無條件遵從前往同居之理。

法條停看聽

在民國74年修法之前規定妻以夫之住所為住所，但現在已經修法了，夫妻住所必須協議，而不能直接由夫或妻一人指定。因此，碧華可以拒絕她老公這樣的要求，並由雙方進行住所的協議。

別讓你的權益睡著了

住所是每個人社會生活的中心，法院文書、契約意思表示送達都會寄送到個人的住所地，所謂的住所，是指「依一定事實，足認以久住之意思，住於一定之地域者」，因此，夫妻要履行同居義務，勢必得有一個共同住所。

以往規定「妻以夫之住所為住所」，但因兩性平權，所以民國74年修法之後，已更改為「夫妻之住所，由雙方共同協議之；未為協議或協議不成時，得聲請法院定之。法院為前項裁定前，以夫妻共同戶籍地推定為其住所。」

所以如果夫妻二人能夠協議就從其協議，若不能協議就推定共同戶籍地為住所，所以，丈夫無權指定妻子一定要入住夫家。

📌 律師小學堂

第一個案例提到因特殊事由可以拒絕同居，但並不能夠永遠拒絕，如果遭家暴，最好還是循申請保護令等管道著手，這樣家暴的那方日後要請求履行同居義務時，也能夠提出書面佐證說服法官有合理的拒絕履行同居事由。

已婚夫妻在日常家務的權利義務

　　剛剛提到了同居義務，但婚姻除了有同居義務這個效力外，還有其他的普通效力，例如結婚之後夫妻對於日常家務還可以互為代理人，也就是說，不用再特別取得授權就可以幫忙處理日常家務，但住在一起也必須共同負擔家計，我們就從以下案例瞭解婚姻的普通效力。

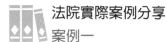
法院實際案例分享
案例一

　　玉真的老公遺棄玉真和小孩，玉真出於無奈，只得把老公從公公那裡繼承而來的違建房屋出售，以換取現金維持家庭，玉真的做法合乎法律嗎？

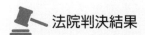
法院判決結果

最高法院49年台上字第1284號民事判決
妻處分其夫之不動產，通常固不屬於民法第1003條第1項，所謂日常家務之範圍，惟夫應負擔家庭生活費用，而久出不歸，行方欠明者，則關於維持家庭生活之必要行為，不得謂

非屬於日常家務範圍，如依其情形，妻非處分其夫之不動產，不能維持家庭生活，而又不及待其夫之授權者，其處分即應認為有效。

法條停看聽

所謂的互為代理人，是指限於日常家務的範圍，買賣不動產並非日常家務，但法院也承認，如果是為了維持家庭生活開支，那仍屬於日常家務範圍，所以老公不要輕易離家出走，以免倦鳥歸巢時，連房子都不見了。

法院實際案例分享
案例二

玉環與丈夫長期不睦，雖同住一個屋簷下，卻已形同陌路，丈夫也不願意負擔家庭生活費用。某日，玉環因外出買菜發生車禍而長期住院，出院後，醫院要求玉環支付10萬元的醫療費用，玉環沒有錢，醫院或玉環能否要求先生付款？

法院判決結果

臺灣臺北地方法院99年醫字第39號民事判決
依民法1003條之1第1、2項，家庭生活費用除法律或契約另有約定外，由夫妻各依其經濟能力、家事勞動或其他情事分擔

之。因前項費用所生之債務，由夫妻負連帶責任。又家庭生活費用，包括必要之醫藥費用在內。夫妻之一方仰賴醫院之醫療機器、診察、處方、藥品及住院病房等醫療行為維持生命，自為必要之醫藥行為，是其未給付予醫院之醫療費用自屬於家庭生活費用，依該條第2項規定，有關家人醫療費及看護費之支付，核屬家庭生活之必要行為，難謂非日常家務，其配偶自應就系爭醫療費用負連帶給付責任。

法條停看聽

夫妻除了要共付家庭生活費用外，因家庭生活費用所產生之債務，也要由夫妻連帶負責。法院既然認定醫療費用屬於家庭生活費用，玉環的丈夫就應該要對醫療費用連帶負責，醫院便可直接要求玉環的丈夫清償醫療費用。

別讓你的權利睡著了

民法規定婚姻的普通效力有可冠姓、同居義務、日常家務互為代理人及共負家庭生活費，所謂日常家務，在法院的見解裡，認為買賣不動產、締結保險或終止保險契約均非日常家務範圍，但就醫求診就屬於日常家務的範圍，所以各位讀者一定得清楚「日常家務」的定義，可別輕易幫另一半下決定喔。

而家庭生活費用也會包含子女的教養費，會依照夫妻的經

濟能力、家事勞動來衡量夫妻應負擔的比例，而若有一方無力負擔的時候，依據民法第1003條的規定，夫妻需負連帶責任。所以即使沒有同居，仍然要共負家庭生活費用，這時，負擔家計的人，最好有隨手將單據保留的習慣，以便日後向不負擔家計的人求償。

若夫妻雙方已形同陌路，沒有同住只是不離婚而已，除了保留單據的習慣外，支付家庭生活費的時候，最好也是以固定匯款的方式處理，以免日後舉證困難。

律師小學堂

由於夫妻未能協議住所而在法院裁定住所前，是推定以戶籍地為共同住所。因此，若因家暴等事由而被迫離家出走，記得先將戶籍遷到現居地或有人可代為收受送達的地址，以免由於推定共同戶籍地為住所的關係，使法院將訴訟文書寄送到原本的住所，導致遲誤訴訟而產生不利益。

夫妻其中一方欠債，需要由另一方償還嗎？

筆者經常被問到「配偶在外面欠債，會不會影響到我？」「公司經營失敗了，是不是要跟配偶離婚才能保護對方？」等問題。由於我國的夫妻財產制在民國74年及91年分別有重大的修正，以下就讓我們用案例來說明吧！

 法院實際案例分享

淑麗與老公在民國90年結婚，後來老公經商失敗，財產被查封，淑麗很擔心她婚前賺到的房子會被查封。

法院判決結果

臺灣高等法院臺中分院101年家上更（一）字第1號民事判決

於101年12月26日公布施行並於同年月28日生效之民法第1030條之1增訂第3項規定：「第一項請求權（即夫妻剩餘財產分配請求權），不得讓與或繼承。但已依契約承諾，或已起訴者，不在此限」。亦即夫妻剩餘財產分配請求權，係配偶之一身專屬權，僅夫或妻得為行使，不得讓與或繼承，且債權人不得代位行使。揆諸該條文之立法理由，乃在保護配偶之

一方不因他方積欠債務而遭債權人聲請分別財產制，使自己名下財產遭分配而強制執行，進而必須承接他方配偶之債務，使自己名下之財產權遭受侵害，以避免夫債妻還或者妻債夫還之情事發生。

法條停看聽

由這則案例可以清楚知道，在法定財產制的情形下，並不會有夫債妻還或妻債夫還的情形。

別讓你的權利睡著了

我國的夫妻財產制分為「法定財產制」與「約定財產制」，約定財產制有分為「共同財產制」與「分別財產制」，如果夫妻沒有任何約定，就是採用法定財產制，若要約定，則必須以書面約定所欲採用的財產制，而且必須到法院辦理登記，才能對抗第三人。但夫妻也可隨時再以書面契約改變其財產制，但若改變，一樣得到法院辦理登記，才能對抗第三人。

律師小學堂

法定夫妻財產制已經修改成不會有夫債妻還或妻債夫還的情形了，如果下次讀者的另一半以這個為由要跟你假離婚，最好是搞清楚對方的意圖，以免小三扶正、人財兩空！

關於法定夫妻財產制的財產分配

現行制度規定，夫妻能在結婚前或結婚後，選擇以書面約定適用分別財產制或共同財產制，並向法院辦理登記，若沒有以書面約定，那就是適用法定財產制，究竟法定財產制的規定是什麼？

 法院實際案例分享

永漢跟美華民國80年結婚，後來感情不和，決定離婚，兩人的夫妻財產應如何計算？

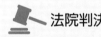 法院判決結果

臺灣嘉義地方法院100年家訴字第112號民事判決

親屬編施行法第6-2條係規定，中華民國91年民法親屬編修正前適用聯合財產制之夫妻，其特有財產或結婚時之原有財產，於修正施行後視為夫或妻之婚前財產；婚姻關係存續中取得之原有財產，於修正施行後視為夫或妻之婚後財產；亦即如有特有財產或結婚時之原有財產變更為婚前財產者，應

可列入剩餘財產分配之財產名稱，而婚姻關係存續中取得之原有財產，則變更為婚後財產，而其中之財產範圍部分則無有影響。

法條停看聽

在91年之前的法定財產制是聯合財產制，特有財產或結婚時之原有財產，現均改稱婚前財產，婚姻關係存續取得之原有財產，現均稱為婚後財產，只有婚後財產才可以列為剩餘財產分配請求權的範圍內。

別讓你的權利睡著了

我國的法定財產制經過多次修正，若婚姻關係成立於民國91年6月26日之前，當時法定財產制是將夫妻財產區分為「原有財產」與「特有財產」，原有財產只有婚姻存續期間取得的原有財產才列入分配。現行的法定夫妻財產制則將夫妻財產區分為婚前財產及婚後財產。

由於法條規定複雜，所以用簡易的表格向各位讀者解說，如果讀者的婚姻狀況跨越了91年6月26日，夫妻的剩餘財產分配就請依照下表處理：

91年6月26日前之財產	91年6月26日後之財產	是否列入分配
一、特有財產,包括: 　1. 專供夫或妻個人使用之物 　2. 夫或妻職業上必需之物 　3. 夫或妻所受之贈物,經贈 　　與人聲明為其特有財產者 　4. 夫妻以契約約定一定財產 　　為特有財產 二、結婚前之財產	婚前財產	不列入分配
婚姻關係存續中取得之財產	一、婚後財產 二、不能證明為婚前或婚後財產者	除下列二者外均列入分配: 一、因繼承或其他無償取得之財產 二、慰撫金

　　此外,依據民法第1017條規定,「不能證明為婚前或婚後財產者,推定為婚後財產;不能證明為夫或妻所有之財產,推定為夫妻共有。」也就是說,如果這個財產無法區分婚前或婚後取得,就會被列入婚後財產與可請求分配,讀者在取得財產時,一定要留下憑證,以免日後舉證困難。

律師小學堂

由於現行的法定夫妻財產制度只有將婚後財產列入分配,所以對於婚後財產的增減,一定要特別注意,如果另一半有浪費婚後財產的情形,就可以盡快依據民法第1010條的規定,請求改用分別財產制。

如何要求離婚時的財產分配？

知道哪些是婚後財產可以行使剩餘財產分配請求權後，我們來看看該怎麼行使吧！

 法院實際案例分享

慧心與國豪結婚後，國豪用自己的薪水買了兩間房子，後來雙方感情破裂，便訴請離婚，慧心要求國豪把其中一棟房子所有權移轉給她，但國豪拒絕。

 法院判決結果

臺灣雲林地方法院96年家訴字第34號民事判決

夫妻離婚而有剩餘財產時，自生民法第1030條之1所定夫妻剩餘財產分配之請求權，依而該條規定之立法意旨乃在法定財產關係消滅後，將夫妻於婚姻關係存續中（即結婚之後）現存之婚後財產，予以確定，再扣除其婚姻關係存續中所負債務及因繼承或其他無償取得之財產、慰撫金，而計算夫妻各自剩餘財產之價值，並比較雙方剩餘財產之多寡，算定其差額，據此剩餘較少之一方即得向剩餘較多之他方，請求分配

該差額之二分之一；而並非夫妻之一
方，得逕就他方名下之財產，請
求移轉該財產所有權之二分
之一，故若無特別之債務情
形，自應認請求他方將其所
有之財產分配一半之請求為無
理由。

法條停看聽

在這個案子中，慧心不能請求國
豪直接過戶其中一棟房子，而是應
該請求分配房屋的價值，並非
請求直接過戶財產。

別讓你的權利睡著了

在計算剩餘財產的時候，先把所有的婚後財產計算出來，
再看看是否有下列情形：

一、以婚後財產清償婚前債務，例如婚前的房貸，以婚後
　　薪水支付，在這個情形下，應該要把清償房貸的金額
　　的部分算入婚後財產。

二、以婚前財產清償婚後債務，例如以婚前的存款，清償婚
　　後的房貸，在這個情形下，應該要把婚後財產扣除已
　　經清償房貸的金額。

接下來就要把婚後財產扣除因繼承或其他無償取得之財產
以及慰撫金，然後雙方平均分配。我們以下表為例，計算一個案
件應該如何作分配：

	丈夫	妻子
婚前存款	50萬	30萬
A屋（婚前購入）婚前房貸	380萬	0
A屋離婚時房貸餘額	70萬	
離婚時存款	110萬	10萬
離婚時B屋（婚後購入）房貸餘額		500萬
離婚時繼承C屋價值	400萬	
受父親贈與名畫一幅		300萬
離婚時A屋價值（丈夫名下）	500萬	
離婚時B屋價值（妻子名下）		600萬

對丈夫而言，婚前存款及A屋是婚前財產，不列入分配，都不能列入計算。

丈夫在婚姻過程中，存款增加60萬，房貸減少310萬，繼承C屋價值400萬，因此丈夫在婚姻過程中剩餘財產一共是770萬，但繼承所得之財產（C屋），價值400萬不能列入分配，所以可列入分配的婚後財產是370萬。妻子的部分，在婚姻過程中增加B屋一棟、價值600萬元，及受父親贈與名畫一幅300萬元，但存款減少20萬，用來清償B屋房貸及仍有婚後債務的B屋貸款餘額500萬元，且受贈與部分不能列入分配。所以妻子在婚姻過程中的剩餘財產是80萬元。丈夫應該將剩餘財產分配145萬給妻子，讓兩人可以達成平均數的225萬。

若是夫妻一方為減少他方的剩餘財產分配請求權，而故意處

分財產，依據民法第1030條之3的規定，計算剩餘財產時仍應將減少的財產追加計算，視為現存之婚後財產。

　　不過若是履行道德上義務所為之相當贈與，就不能要求追加計算。為了保障受分配人的權利，分配人於另一半的財產不足其應得之分配額時，可就不足額部分，要求受贈人返還所受利益。不過若是另一半以買賣方式處分婚後財產的話，那就只有以顯不相當對價取得者婚後財產者為限，才能要求返還利益。

　　要注意的是，剩餘財產分配請求權也有消滅時效，依據民法第1030條之1第4項的規定，剩餘財產分配請求權「自請求權人知有剩餘財產之差額時起，二年間不行使而消滅。自法定財產制關係消滅時起，逾五年者，亦同。」也就是說，若知道有差額，必須二年內請求，若法定財產制消滅（離婚、改用分別財產制或一方身故）已超過五年，就不能再行使剩餘財產分配請求權。

🎤 律師小學堂

婚後所得一切扣掉贈與、繼承、慰撫金三項所得後均分，就可以清楚的知道應該要拿多少剩餘財產。千萬不要以為只有離婚的時候才會計算剩餘財產喔！若是聲請法院宣告改用分別財產制或者是有一方身故時，都可以請求分配剩餘財產。若懂得計算剩餘財產，將可以省下大筆遺產稅。

選擇共同財產制，小心為上！

　　共同財產制是將夫妻二人的除特有財產之外所組成的共同共有財產，共同財產制會對夫妻二人的財產造成很大的影響，所以實際上採用的人不多，以下以案例使讀者稍微瞭解這個制度的相關規定。

 法院實際案例分享

　　麗珠與泰銘婚後，麗珠見泰銘得到大筆繼承之遺產，就向法院起訴，請求宣告二人適用共同財產制。

 法院判決結果

臺灣板橋地方法院97年度家訴字第51號民事判決

因法律並未使夫妻之一方得強制他方接受「夫妻共同財產制」之權利，是以原告欲以訴訟方式請求宣告兩造夫妻財產關係為「夫妻共同財產制」及在地政事務所註

 法條停看聽

我國的法定財產制並非共同財產制，如果夫妻二人決定適用共同財產制，最好以書面訂定契約，然後到法院辦理登記，否則即便有契約或承諾書，仍然無法對抗第三人。

記上開不動產為夫妻共有財產云云，顯無理由，應予駁回。

別讓你的權利睡著了

在制度上而言，共同財產制是最少人選擇的制度，夫妻之一方可以向法院聲請宣告改用分別財產制，但除非有書面約定，否則不能聲請宣告改用共同財產制，因為共同財產制下，除了特有財產（包括專供夫或妻個人使用之物、夫或妻職業上必需之物、夫或妻所受之贈物，經贈與人以書面聲明為其特有財產者）以外，其餘的夫妻財產都是共同共有，這個制度的特色包括：

一、由夫妻共同管理，但約定由一方管理者，從其約定（民法第1032條）。

二、夫妻之一方，對於共同財產為處分時，應得他方之同意（民法第1033條）。

三、夫或妻婚前或婚姻關係存續中所負之債務，應由共同財產，並各就其特有財產負清償責任（民法第1038條）。這個規定就是造成共同財產制較少人採用的原因了。依據這個規定，夫妻任一方的債務都可以共同財產來清償債務，也就是除了特有財產以外的財產都可能被用來還債，因而造成所謂夫債妻還或妻債夫還的情形。

四、夫妻之一方死亡時，共同財產之半數歸屬於死亡者之繼

承人，其他半數歸屬於生存之他方（民法第1039條）。先前提過在法定財產制下，繼承取得的遺產並非婚後財產，但在共同財產制下，繼承取得的遺產則屬於共同財產的範圍，那未亡人就可以藉由共同財產制取得往生者生前繼承到的遺產。

五、為了避免上述情形，民法第1040條也規定了「夫妻得以契約訂定僅以勞力所得為限為共同財產。前項勞力所得，指夫或妻於婚姻關係存續中取得之薪資、工資、紅利、獎金及其他與勞力所得有關之財產收入。勞力所得之孳息及代替利益，亦同。」若是有這樣的約定，那繼承的遺產仍不得列入共同財產內。

共同財產制是很特別的制度，必須依照夫妻二人的情形做財產制的規畫，但若另一半突然有天要請您簽署任何書面聲明要改用共同財產制，就請務必小心囉！

律師小學堂

共同財產制是一個你儂我儂的制度，由於夫妻的財產是公同共有，就有可能會將婚前的財產用來清償婚姻存續期間產生的債務。若要選擇共同財產制，一定要把雙方的財務情形調查清楚，否則有可能發生妻債夫還或夫債妻還的情形。

劃清界限的分別財產制

看完了你儂我儂的共同財產制，接下來我們來看看劃得一清二楚的分別財產制。

 法院實際案例分享

美芬與振華兩人在結婚時並未約定夫妻財產制，但後來振華在外居然有小三，非但一年多沒有回家，居然把大筆存款過戶給小三，美芬該如何是好？

 法院判決結果

臺灣嘉義地方法院89年家訴字第16號民事判決

按夫妻難於維持其共同生活，不同居已達六個月以上時，法院因夫妻一方之請求，得宣告改用分別財產制，民法第1010條第5款定有明文。法文並未限制於前開情形之下，「無過失之一方」始得請求宣告改用分別財產制，蓋如夫妻感情破裂，不能繼續維持家庭共同生活，且事實上不同居已達六個月以上時，如原採法定財產制或分別財產制以外之約定財產

制者，茲彼此既不能相互信賴，自應准其改用分別財產制，俾夫妻各得保有其財產所有權、管理權及使用收益權，減少不必要之困擾。

法條停看聽

依據民法1010條的規定，在下列情形下，夫妻一方得聲請改用分別財產制：「一、依法應給付家庭生活費用而不給付時。二、夫或妻之財產不足清償其債務時。三、依法應得他方同意所為之財產處分，他方無正當理由拒絕同意時。四、有管理權之一方對於共同財產之管理顯有不當，經他方請求改善而不改善時。五、因不當減少其婚後財產，而對他方剩餘財產分配請求權有侵害之虞時。六、有其他重大事由時。夫妻之總財產不足清償總債務或夫妻難於維持共同生活，不同居已達六個月以上時。」一旦有以上情形，就可以聲請改用分別財產制。

別讓你的權利睡著了

由於分別財產制是使夫妻各保有其財產之所有權，各自管理、使用、收益及處分，一旦夫妻二人已欠缺信賴基礎，強令夫妻二人適用法定財產制，對一方已屬不公平情事。

　　但夫妻二人也可以自願採用分別財產制，如果夫妻二人原本採用法定財產制，後來改用分別財產制，那夫妻任一人就可以請求分配剩餘財產，也可以透過改用分別財產制阻止另一方繼續揮霍婚後財產。

　　在民國101年12月26日之前，法院可因債權人之請求，將原本採用法定財產制的夫妻改為適用分別財產制，這樣債權人就可以代替夫妻一方向他方請求剩餘財產分配請求權，但由於民法第1011條已經刪除，所以不再有這樣的情形，因此所謂夫債妻還或妻債夫還這種事情，基本上在適用法定財產制或分別財產制的情形下，已經成為絕響了。

律師小學堂

在分別財產制下，夫妻的財產各自獨立，以後也不會有任何剩餘財產分配的情形，如果有幫另一半還債的情形，那另一半也必須把還的錢清償給你。因此，堪稱所有財產制中最明確直接的制度。

保護元配的繼承與夫妻財產制

夫妻關係存續期間，所得較少者可以請求分配剩餘財產，但若所得較高的一方先往生，往生者的遺產要如何計算，末亡人能否主張剩餘分配財產？

 法院實際案例分享

永發與淑貞結婚時身無分文，兩人胼手胝足而累積鉅額財產，二人婚後育有三子，但永發卻在外面有小三並有二子。永發死後留下鉅額遺產，小三的二個孩子主張永發的遺產應由淑貞及永發的五個子女均分，淑貞該如何保障自己跟小孩的權益？

 法院判決結果

最高法院101年台上字第941號民事判決

法定財產制關係消滅時，夫或妻之剩餘財產差額分配請求權，乃立法者就夫或妻對家務、教養子女及婚姻共同生活貢獻所作之法律上評價；繼承制度係因人死亡，由具有一定身分之生存者，包括的繼承被繼承人財產上之權利義務之規範

目的未盡相同，配偶之夫妻剩餘財產差額分配請求權與繼承權，性質上本可相互併存。且民法第1030條之1第1項規定之分配請求權，於配偶一方先他方死亡時，係屬生存配偶本於配偶身分對其以外之繼承人主張之債權，與該生存配偶對於先死亡配偶之繼承權，為個別存在之請求權迥然不同。

法條停看聽

在這個案例中，法院認為未亡人的剩餘財產分配請求權跟繼承權是並存的債權，也就是說未亡人可以先請求分配剩餘財產，再跟其他的繼承權人分配遺產。

別讓你的權益睡著了

剩餘財產分配請求權乃是基於家務有給制下，認為雖然經濟上貢獻較少的一方，確實亦有對於婚姻共同生活有一定之貢獻，故可以請求分配剩餘財產。

因此，若是遇到小三的小孩前來爭產，元配便可以主張剩餘財產分配請求權，先要求取得婚後財產的差額，這些剩餘財產分配請求權所分得的錢並非遺產，所以不用繳遺產稅。但要注意主張剩餘財產請求權需在法定的二年期限內主張。其餘繼承人（含未往生之配偶）再就扣除剩餘財產分配後之遺產，依據法定

應繼分或遺囑所定分割方法分配遺產。

律師小學堂

剩餘財產分配請求權，不僅僅只能用來對抗小三或私生子的爭產糾紛！由於剩餘財產分配請求權性質上並非遺產，所以這些分得的剩餘財產並不用繳納遺產稅，若是讀者遇到這種情形，記得申報遺產稅的時候，將剩餘財產與遺產分別處理。

有哪些事項可以婚前協議？

經常聽到所謂的婚前協議，事實上並非所有事情都可以納入婚前協議的範圍內，有一些事項可以預先協議，但有一些事項即使協議也會無效，有哪些事項是不能約定在婚前協議呢？我們來看以下的案例吧！

 法院實際案例分享

玉真與宗勝打算結婚，玉真擔心宗勝以後會對她家暴，於是便約定「如發生家暴事件，受害方即可離婚」，這樣的約定是否有效？

 法院判決結果

最高法院50年台上字第2596號民事判例

夫妻間為恐一方於日後或有虐待或侮辱他方情事，而預立離婚契約者，其契約即與善良風俗有悖，依民法第72條應在無效之列。

 法條停看聽

最高法院這則判例認為預立離婚契約違反善良風俗，契約無效，所以不能以離婚為前提而簽立婚前契約。

別讓你的權利睡著了

一般常見的婚前契約大抵上不外乎以下範圍,並也是法律規定應由夫妻協議之內容:

一、夫妻姓氏問題:夫妻各保有其本姓,但得書面約定以其本姓冠以配偶之姓(民法第1000條)。

二、夫妻之住所:夫妻之住所,由雙方共同協議之(民法第1002條)。

三、家庭生活費:家庭生活費用,除法律或契約另有約定外,由夫妻各依其經濟能力、家事勞動或其他情事分擔之(民法第1030條之1)。

四、夫妻財產制:夫妻得於結婚前或結婚後,以契約就本法所定之約定財產制中,選擇其一,為其夫妻財產制(民法第1004條)。

五、自由處分金:夫妻於家庭生活費用外,得協議一定數額之金錢,供夫或妻自由處分(民法第1018條之1)。

六、子女之姓氏:父母於子女出生登記前,應以書面約定子女從父姓或母姓(民法第1059條)。

七、互相扶養或扶養子女、父母之方法:扶養之方法,由當事人協議定之(民法第1120條)。

此外,法律雖然沒有規定,但仍也可以自由約定下列事項:

1. 對子女的教育方法。

2. 家務的分擔。

3. 違反婚姻忠誠義務的損害賠償。

但關於離婚這種屬於身分關係的變動的事項，就不能夠預先以婚前協議約定。

🔖 律師小學堂

現在很多夫妻都會簽訂婚前協議，在簽訂前，可參考上述要點約定婚後的事項，讓婚姻生活有契約可以依循，也能減少日後的糾紛。

異國婚姻也有法律效力嗎？

現在天涯若比鄰的時代，結婚的對象可能並非我國國民，甚至結婚的地點也不會在我國境內，針對這類的異國戀情，就得瞭解涉外民事法律適用法的規定。

 法院實際案例分享

娟娟出國讀書的時候，認識了紐西蘭籍的Mark，二人在紐西蘭法院公證結婚，但沒有在台灣辦理結婚登記，其婚姻是否有效？

 法院判決結果

臺灣高雄地方法院97年家訴字第222號民事判決

按婚姻成立之要件，依各該當事人之本國法，但結婚之方式依當事人一方之本國法或依舉行地法者，亦為有效，涉外民事法律適用法第11條第1項定有明文。原告主張兩造於97年3月19日於紐西蘭漢米爾頓（Hamilton）高等法院結婚，已成立合法婚姻關係等情，業據其提出紐西蘭結婚證書一份及照片兩張為證，且為被告所不爭執，已足證明兩造確實在紐西

蘭國踐行此公證程序，依前開規定，兩造之婚姻應屬合法有效成立。

法務部法律字第10303506380號函釋：

按涉外民事法律適用法（以下簡稱涉外民事法）第46條規定：「婚姻之成立，依各該當事人之本國法。但結婚之方式依當事人一方之本國法或依舉行地法者，亦為有效。」我國法律區分婚姻成立之要件為「實質要件（例如雙方當事人的合意、當事人之意思表示有無瑕疵、結婚年齡等）」與「形式要件（結婚之方式）」。依上開規定，我國人民與外國人士婚姻成立之實質要件，必須各自符合其本國法律，但其結婚之方式則依本國或該外國人士之本國法律，均為有效（司法院秘書長99年6月7日秘台廳少家二字第0990010276號函參照）。是以，倘我國人民與該外國人士，雙方符合結婚之實質要件，且其結婚之方式依我國或該外國人士之本國法律而有效成立，縱未完成相關面談程序及我國之結婚登記，仍不影響該結婚當事人依涉外民事法第46條規定成立之婚姻關係。

法條停看聽

依據結婚地及Mark國籍地的法律，娟娟已經跟Mark成為合法夫妻，即使沒有依據我國法律完成結婚登記，在我國領域內，二人仍為夫妻關係。

別讓你的權利睡著了

當兩人成立合法婚姻之後，即使是異國戀情，也會有婚姻的效力及夫妻財產制的規定，以下為涉外民事法律適用法對於異國戀情的規定：

一、 婚姻之成立，依各該當事人之本國法。但結婚方式依當事人一方之本國法或依舉行地法者，亦為有效（涉外民事法律適用法第46條）。也就是依據夫妻雙方各國的法律決定婚姻是否成立，但結婚方式可以由夫妻雙方本國法或者是婚禮舉行地法決定是否符合結婚方式。

二、 婚姻之效力，依夫妻共同之本國法；無共同之本國法時，依共同之住所地法；無共同之住所地法時，依與夫妻婚姻關係最切地之法律（涉外民事法律適用法第47條）。

三、 夫妻財產制，夫妻以書面合意適用其一方之本國法或住所地法者，依其合意所定之法律。夫妻無前項之合意或其合意依前項之法律無效時，其夫妻財產制依夫妻共同之本國法；無共同之本國法時，依共同之住所地法；無共同之住所地法時，依與夫妻婚姻關係最切地之法律。前二項之規定，關於夫妻之不動產，如依其所在地法，應從特別規定者，不適用之（涉外民事法律適用法第48

條）。

四、離婚及其效力，依協議時或起訴時夫妻共同之本國法；
無共同之本國法時，依共同之住所地法；無共同之住所
地法時，依與夫妻婚姻關係最切地之法律（涉外民事法
律適用法第50條）。

簡單的說，在結婚前的行為依照各當事人的本國法，結婚之
後，就不再是一個人的事，除了夫妻財產制是屬於契約，而優先
適用當事人合意之外，其餘均按照共同國籍地或住所地法，如果
沒有共同國籍地或住所地時，就依關係最切地的法律。

此外，如果另一半是大陸地區人民，那要依據臺灣地區與大
陸地區人民關係條例的相關規定：

一、結婚或兩願離婚之方式及其他要件，依行為地之規定。
判決離婚之事由，依臺灣地區之法律（臺灣地區與大陸
地區人民關係條例第52條）。

二、夫妻之一方為臺灣地區人民，一方為大陸地區人民者，
其結婚或離婚之效力，依臺灣地區之法律（臺灣地區與
大陸地區人民關係條例第53條）。

三、臺灣地區人民與大陸地區人民在大陸地區結婚，其夫妻
財產制依該地區之規定。但在臺灣地區之財產適用臺
灣地區之法律（臺灣地區與大陸地區人民關係條例第54
條）。

📌 **律師小學堂**

異國婚姻或大陸籍配偶涉及雙方不同的法律制度，不過原則上，只要仍保有台灣國籍且雙方是在台灣共同生活，通常就會依據台灣的法律審理，讀者也就不用花時間去研究其他國家的法律。

第三部

從愛出發，
父母親子間的法律關係

小孩的姓氏只能跟父親一樣？

　　小孩出生後，身爲新手爸媽，除了如何照顧小孩外，面臨到的第一個問題就是幫小孩取名字，以便辦理出生登記。以往在取名字時，很少有父母會討論小孩的姓氏，總是理所當然的認爲小孩應該要跟爸爸姓，小孩從母姓氏屬於不合法的嗎？但法律眞的是這樣規定嗎？

 法院實際案例分享
案例一

　　凱祥與玲如結婚一年後，他們的寶貝兒子出生，要辦理出生登記時，因爲玲如沒有其他兄弟，便希望兒子可以跟她的姓氏，可否請求法院判定兒子跟誰姓呢？

 法院判決結果

臺灣高等法院暨所屬法院97年法律座談會

有關子女之從姓，是否屬民法第1089條第2項之「父母對於未成年子女重大事項權利之行使意思不一致」，得否依非訟事件法第132條聲請法院酌定不無疑問。

所謂重大事項須與子女之保護教養有關，而子女之從姓與父母對於未成年子女權利之行使難謂有涉，當事人倘欲請求法院依子女之最佳利益酌定從父姓或母姓，未免強人所難，蓋從姓與子女最佳利益有何關聯且應如何認定恐難有具體標準，且因為修正後之親屬法已決定，有關「首次約定」子女姓氏之事項委由當事人約定，已排除法院介入之機制，因此對於子女從姓之聲請法院應駁回之。

若首次約定後欲變更時，可依約定變更或請求法院宣告變更，但後者須有事實足認子女之姓氏對其有不利之影響，並符合民法第1059條第5項各款之規定始得變更。

故民法第1059條第1項首次約定姓氏並非法院所得管轄。戶籍法業於民國97年5月28日修正公布，其中第49條第1項前段規定：「出生登記當事人之姓氏，依相關法律規定未能確定時，婚生子女，由申請人於戶政事務所抽籤決定依父姓或母姓登記；非婚生子女，依母姓登記。」對於父母於子女出生前或出生後，無法約定子女從姓，即無依民法第 1089 條請求法院介入裁定之必要。

法條停看聽

玲如和凱祥幫兒子辦理出生登記時，對兒子到底該跟誰姓無法協商達成共識時，法院無權介入，而是要在辦理出生登記時，在戶政事務所抽籤決定。

法院實際案例分享
案例二

大華和鳳娟婚後有一子國輝，國輝從父姓。幾年後，大華和鳳娟離婚，國輝跟著母親鳳娟生活，不過之後鳳娟改嫁，便想向法院聲請變更國輝的姓氏，要讓他跟自己的姓，可不可以？

 法院判決結果

臺灣新竹地方法院99年家聲字第259號民事裁定

姓氏屬姓名權而為人格權之一種，具有社會人格之可辨識性，除與身分安定及交易安全有關外，尚有家族制度之表徵，因此賦予父母選擇權，若因情勢變更的關係，變更子女姓氏有利於未成年子女時，為子女之利益，父母之一方或子女自得請求法院宣告變更子女之姓氏為父姓或母姓。

倘未成年子女之生母既已改嫁他人，未成年子女如仍從父姓，將造成其全家姓氏不同，衡情對其就學及與現處家族之認同感、歸屬感之建立產生困擾，為維護未成年子女

法條停看聽

當男女雙方離婚，而小孩跟著母親，而母親又改嫁的情形下，為考量孩子的利益，也避免母親改嫁後的全家姓氏不同所造成的困擾，可以透過法院讓孩子改與母親相同姓氏。

之人格發展，以及行使親權人之家庭能和諧美滿之目的，故變更從母姓將更符合未成年子女生活現況，對其亦較為有利。

別讓你的權利睡著了

由上面兩個案例可知，小孩出生後，不是一定要跟爸爸姓，可以由父母約定要跟誰姓，而且這個姓氏也不是一輩子不能變動，只是出生時如果父母無法就小孩姓氏達成共識，法院無從介入，要由父母抽籤決定，登記之後如果想要變動，則需透過法院裁定。實際上，在民國96年5月23日的民法修法前，法律的確是規定「子女從父姓」，只有在母親沒有兄弟時，才可以約定子女從母姓，至於在招贅的時候，則剛好相反，原則上從母姓，但可以約定從父姓。

不過，這樣的規定在民國96年修法時有了改變，現行法律明文規定「父母於子女出生登記前，應以書面約定子女從父姓或母姓。未約定或約定不成者，於戶政事務所抽籤決定之。」所以可以由父母約定小孩到底要跟誰姓，不再一定要跟父親姓。而且之後還可以變更，在子女未成年前，可以由父母以書面約定變更，子女成年以後，也可以由子女變更，但這兩種變更都只能各變更一次，而且都不需要透過法院。只有在父母離婚；父母之一方或雙方死亡；父母之一方或雙方生死不明滿三年；或父母之一方顯

有未盡保護或教養義務之情事時，法院才會因父母或子女的聲請，而為子女的利益變更，且不受前述只能變更一次的限制。

　　所以，民國96年5月23日修法之後出生的子女，父母都可以約定子女的姓氏，而在這之前出生的，只能在符合民法規定時變更姓氏。

📌 律師小學堂

如果母親是未婚生子，或是孩子出生後發現父母沒有婚姻關係，子女又要跟誰姓？

一、 依照民法的規定，如果母親是未婚生子，小孩當然是跟母姓，但如果小孩的親生父親認領小孩時，則可以依照上面關於婚生子女的姓氏變更方式，變更小孩的姓氏。

二、 如果父母原本有婚姻關係，辦理小孩出生登記並跟父親姓後，卻發現小孩父母的婚姻無效或被撤銷，此時這個小孩仍然是非婚生子女，理論上應該是要從母姓，戶政事務所登記從父姓就有錯誤，所以這時只要母親向戶政事務所申請「更正」小孩姓氏為母姓，戶政事務所就應該要辦理。

至於小孩若經生父認領或視為認領，則是「變更」問題，仍然是依照第一點說明的方式辦理。

原來孩子的親生父親是別人！

　　近幾年不時會看到報章雜誌社會版或是影劇版會出現「戴綠帽」之類的事件，當在婚姻關係中，夫、妻任何一方跟他人發生親密行為並有孩子時，法律上會如何認定這孩子的父母為誰？

 法院實際案例分享
案例一

　　建呈、韻如於87年1月3日結婚，因個性不合在91年分居但未離婚，之後韻如於93年與任遠生下孩子家明，便於94年與建呈離婚。在法律的定義中，家明會被認定為誰的孩子？

 法院判決結果

臺灣高雄地方法院100年親字第144號民事判決
按從子女出生日回溯第181日起至第302日止，為受胎期間。又妻之受胎，係在婚姻關係存續中者，推定其所生子女為婚生子女。前項推定，夫妻之一方或子女能證明子女非為婚生子女者，得提起否認之訴。前項否認之訴，夫妻之一方自知悉該子女非為婚生子女，或子女自知悉其非為婚生子女之時

起2年內為之。但子女於未成年時知悉者，仍得於成年後2年內為之。

原告主張母親與被告於87年1月3日結婚，雖於93年2月3日離婚，惟原告母親於90年間生下原告，依上開民法第1062條第1項及第1063條第1項之規定，仍推定原告為被告之婚生子等情，業據提出與所述相符之戶籍謄本為證。而原告事實上非其母親自被告受胎所生一情，則據其提出醫院出具之親子鑑定結果報告書為憑，足證被告與原告並無真實之親子血緣，則原告主張非為被告之婚生子，自堪信為真實。則原告訴請確認非被告之婚生子，洵屬正當，應予准許。

法條停看聽

只要是子女出生之日往前算的第181日起至第302日，法律定義為「受胎期間」，在此期間內和生母有婚姻關係的人，法律就推定為該子女的父親，也就是在辦理出生登記時，依法會登記為該子女的生父。

法院實際案例分享
案例二

　　國雄、燕玲婚後因個性不合而在91年分居，但並未離婚，燕玲於93年與宏達生下孩子家柱，宏達可否起訴主張家柱並非國雄之子，並要求認領家柱為自己的兒子？

 法院判決結果

最高法院96年台上字第2278號民事判決

「妻之受胎係在婚姻關係存續中者，夫縱在受胎期間內未與其妻同居，妻所生子女依民法第1063條第1項規定，亦推定為夫之婚生子女，在夫妻之一方依同條第2項規定提起否認之訴，得有勝訴之確定判決以前，無論何人皆不得為反對之主張，自無許與妻通姦之男子出而認領之餘地」（本院75年台上字第2071號判例參照）。從而，凡被婚生推定之子女，在夫妻或子女依規定提起否認之訴，得有勝訴之確定判決以前，無論何人皆不得為反對之主張，自無允許第三人以親子血緣違反真實為由，提起確認親子關係不存在之訴。

法條停看聽

婚生否認之訴，只有小孩、生母及生母的配偶可以提出，因此，雖然宏達是家柱的生父，仍無權提出婚生否認之訴並請求認領。

別讓你的權利睡著了

　　古時民間有「滴血認親」的說法，因為以往科學不發達，以致親子血緣關係難以鑑識，我國民法第1062條第1項及第1063條第1項，分別規定：「從子女出生日回溯第一百八十一日起至第三百零二日止，為受胎期間。」「妻之受胎，係在婚姻關係存續中者，推定其所生子女為婚生子女。」就是透過法律規定，讓子女在其生母具有婚姻關係時，推定子女的婚生父親與母親身分；反之，若生母在受胎期間內沒有婚姻關係，其所生的子女就會被認定為非婚生子女。案例二中，家柱的受胎期間，當時國雄與燕玲仍具有婚姻關係，故依法會推定國雄是家柱的父親。

　　讀者或者會疑惑，國雄明明不是家柱的親生父親，那國雄要怎麼否認他與家柱的法律上親子關係呢？依民法第1063條第2項規定，夫妻之一方或子女能證明子女非為婚生子女者，得提起否認之訴。也就是說，國雄如果能提出證據證明家柱的生父實際上不是他本人，可以向法院提出否認子女之訴。

　　特別要注意者，民法第1063條第3項規定，「前項否認之訴，夫妻之一方或子女能證明子女非為婚生子女，或子女知悉其非為婚生子女之時起二年內為之。但子女於未成年時知悉者，仍得於成年後二年內為之。」因此燕玲、國雄或家柱都必須在「知悉家柱非國雄親生」的二年內提起否認之訴，過此期間就不能再

提起否認訴訟；另外在家柱尚未成年時，如果已知悉他的生父不是國雄，則家柱可以在他滿二十歲後再起算二年時間內，提起「否認子女之訴」，透過法院判決推翻家柱跟國雄在法律上的親子關係。我國法律規定提起否認訴訟，限制在二年內為之，是避免親子關係長期無法確定，所以如果國雄未及時於知悉家柱並非親生子後二年內提出否認之訴，日後就不能再提出否認訴訟，也就是說，國雄跟家柱在法律上仍維持親子關係，國雄在家柱未成年之前，對家柱都負有扶養義務。

至於家柱的真正生父宏達，可否提起否認之訴，否認國雄跟家明的法律上親子關係呢？依目前法律規定，宏達是不能提出否認訴訟的，亦即，上述案例中，只有國雄、燕玲或家柱中之一人可以提出否認子女訴訟，宏達無權主張。

律師小學堂

曾有社會新聞報導，某先生外遇生子，在報戶口時，卻謊報為其配偶之子，直接將配偶登記為生母，類此案例，某先生將涉犯偽造私文書、使公務員登記不實等刑事責任外，對於被不實登記為生母的元配偶而言，依照法院實務見解，該名被登記之生母則可以對該名子女提起確認親子關係不存在之訴，否認掉與該子女的親子關係。

確認親子關係一定要有DNA鑑定？

親子關係DNA鑑定一向是本土劇很喜歡上演的橋段，動不動就會發生偷拔毛髮、私下進行DNA鑑定以確認親子關係的戲碼，但現實生活中，尤其是訴訟過程中，親子關係一定要靠DNA鑑定嗎？法院有權強迫當事人進行DNA鑑定嗎？法院會採信當事人私下的DNA鑑定嗎？

法院實際案例分享
案例一

偉立主張他是母親怡蓁與李德所生，並經李德扶養到6歲，但因怡蓁與李德未曾有婚姻關係，導致偉立戶籍謄本上的生父欄位迄今仍然空白，所以提起訴訟，請求確認他與李德間的親子關係。然而訴訟過程中，李德未能配合與偉立的親子血緣關係鑑定。

法院判決結果

臺灣高等法院花蓮分院101年家上字第18號民事判決
親子關係之認定，應以科學方式就系爭親子雙方進行鑑定（如血型、DNA遺傳基因檢測等方式）為之，以求正確。

此類案型中亦僅有此種身體鑑定之科學其證據，始為直接證據，其他相關之事證，例如生父、生母間於懷孕前之同居，以及撫育行為甚或事後雙方之認知或其他行為，皆僅係間接證據，用以作為親子關係認定之佐證。

經查，證人即上訴人之母雖到庭證稱：上訴人的生父是被上訴人，然參諸證人為上訴人之母，其為本件之利害關係人，上訴人提起本訴請求確認被上訴人為生父，證人之身分關係已難認客觀中立，且縱被上訴人曾與上訴人生母曾有形同同居之親密關係，仍須有兩造間之血緣鑑定或相類之科學證據，始能認定上訴人是否為上訴人之母自被上訴人受胎所生之女，是其證述內容，自難逕予採信。

被上訴人自96年8月31日出境後即未再入境。被上訴人弟弟於原審及本院均當庭拒絕提供DNA採驗以作血緣鑑定，本件上訴人業已成年，其訴請確認與被上訴人間親子關係存在，無強令被上訴人或其弟為血緣鑑定之理由。

法條停看聽

雖然偉立主張的生父李德未能配合驗DNA，但是因為偉立已經成年，法院並無強制驗DNA之權利，如果偉立提出的證據無法證明偉立是其母怡蓁從李德受胎所生，法院仍無從認定偉立和李德間的親子關係。

況且被上訴人為23年次，有其戶籍資料在卷可按，其年事已高，身在大陸地區，上訴人亦自承被上訴人身體狀況不佳，行動不便等情，自難以被上訴人或其弟未能接受血緣鑑定，即遽認係無正當理由或心虛而為不利被上訴人之判斷，本件既無任何如血型、DNA遺傳基因檢測等相關血緣鑑定報告可資為據，即無從確定上訴人與被上訴人間之親子關係。

法院實際案例分享
案例二

子祥、育慧為夫妻，育有一子永達。子祥過世後，永達向子祥生前服務的單位辦理公務員撫卹金時，該單位卻稱子祥與前妻尚有一子浩然，需浩然同意才能辦理。但永達主張浩然與子祥無血緣關係而無親子關係，乃起訴請求確認子祥與浩然間之親子關係不存在，但在訴訟過程中，浩然拒絕配合驗DNA。

法院判決結果

臺灣高等法院臺中分院100年家上字第89號民事判決
為真實血緣之發現，法院自應依職權為相當之調查，不能因一方當事人之不配合檢驗，而使他方當事人受不利益之判

決，倘此親子血緣鑑定之勘驗方法，對親子關係之判定有其
科學之依據及可信度，自屬上訴人重要且正當之證據方法。
然為此親子血緣鑑定，必須被上訴人參與始可辦理，如需被
上訴人之血液等，亦即勘驗之標的物存在於被上訴人本身，
而被上訴人拒絕提出時，雖法院不得強令為之，惟依民事
訴訟法第367條準用同法第343條、第345條第1項規定，法院
得以裁定命被上訴人提出該應受勘驗之標的物，被上訴人若
無正當理由不從提出之命者，法院得審酌情形認他造即上訴
人關於該勘驗標的物之主張，或依該勘驗標的物應證之事實
為真實，即受訴法院得依此對該阻撓勘驗之當事人課以不利
益。被上訴人當庭拒絕作親子血緣鑑定，並妨礙法院依職權
調查證據，及發現真實而拒絕讓其母作親子血緣鑑定，雖被
上訴人辯稱恐伊母親受傷害等語，惟純屬片面臆測之詞，毫
無事證為憑，尚難採為得以拒絕親子
血緣鑑定之正當理由。被上訴人
蓄意阻攔法院傳訊重要人證，
且無正當理由拒絕配合有科
學依據之親子血緣鑑定，法
院自得課予被上訴人不利益之
認定，從而上訴人主張被上訴人

法條停看聽

因浩然拒絕配合驗DNA且積極阻
擾法院證據之調查，所以法院做
出不利浩然的認定，認為浩然
與子祥間無自然血緣關
係存在。

非上訴人之父之婚生子女，雙方無自然血緣關係存在等語，
應屬可採。

別讓你的權利睡著了

依照上面二個案例可知，DNA親子血緣鑑定固然是判斷有
無親子關係最客觀的科學證據，且是唯一能夠直接證明有無親子
關係的證據，但是法院並沒有權利強迫當事人驗DNA。

而在沒有DNA鑑定報告的情形下，也不是提起訴訟主張有
或沒有血緣關係的人就一定會敗訴，法院還是會參考其他證據資
料，例如母親與生父的書信、卡片、照片等，綜合判斷親子血緣
關係是否存在。

但是，法院一旦對親子關係做出判決，對當事人的影響會相
當大，為了保護未成年子女並兼顧關係人的權益，避免對隱私的
過度濫用或限制，101年公布施行的家事事件法第68條規定「未
成年子女為當事人之親子關係事件，就血緣關係存否有爭執，法
院認有必要時，得依聲請或依職權命當事人或關係人限期接受血
型、去氧核醣核酸或其他醫學上之檢驗。但為聲請之當事人應釋
明有事實足以懷疑血緣關係存否者，始得為之。」

因此在未成年子女為當事人的親子關係事件中，如果聲請人
能夠說明為什麼會懷疑血緣關係時，法院便可以強迫進行DNA

鑑定。

律師小學堂

本土劇常上演私下進行DNA鑑定，這樣的鑑定報告在訴訟過程中雖然可以提出來當作證據，但是因為涉及到取樣對象是否正確？樣本有無受到汙染？鑑定機關是否具有公正專業性等爭執，法院不一定會盡信，不過仍不失為一種證明方法。

認領、收養、領養，
意義大不同?!

「廣播主持人趙婷，五年前流產後，幾經考量後決定領養小孩」、「台巴混血兒吳憶樺的養母葉特納養育二男二女，還領養五名孩子，吳憶樺是她領養孩子中最小的」……，新聞報導不時會看到「領養」這個詞，筆者也常被問到可否「認養」某某親戚的小孩？

實際上，我國法律並沒有「領養」或「認養」，只有「認領」和「收養」，而且各有其意義，新聞媒體及坊間把「認領」和「收養」重新排列組合，交雜運用，反而造成社會大眾的混淆！

法院實際案例分享
案例一

佩玉和建偉為男女朋友並論及婚嫁，沒想到卻在結婚前吵架分手，分手後，佩玉發現自己懷孕並生下兒子大偉，大偉出生後，佩玉和建偉不斷分分合合多次，且建偉有陸續分擔佩玉和大偉的生活開支，但始終未結婚。若佩玉想將建偉登記為大偉的父親，該如何處理？

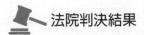 **法院判決結果**

臺灣臺南地方法院100年親字第172號民事判決

查原告主張原告為其母自被告受胎所生，原告與被告間之親子關係存在之事實，業據原告提出戶籍謄本二件為證，又本院依職權囑託國立成功大學醫學院附設醫院鑑定原告與被告間是否存有親子血緣關係，經該院以原告與被告之親子關係概率值為99.000000000%，足證原告與被告確為親子關係無誤。

綜上，原告與被告間確有親子血緣關係存在，僅因原告之母與被告並無婚姻關係存在，而使原告之戶籍登記上生父欄為空白，實有更正戶籍上親子關係記載之必要，且此種身分關係不明確之不安狀態，得以提起本件確認之訴除去。從而，原告據以訴請確認原告與被告間之親子關係存在，為有理由，應予准許。

法條停看聽

大偉與建偉有血緣關係，且建偉有撫育大偉的事實，依法視為建偉已認領大偉，理論上可登記建偉為大偉的生父，但是實際上戶政機關的作業流程，需建偉配合辦理登記，或是有法院判決才可辦理，所以佩玉可為大偉提起確認親子關係存在之訴，確認建偉和大偉間的親子關係，進而辦理戶籍登記。

 法院實際案例分享
案例二

　　國良、燕琪為夫妻，燕琪在婚前已有一子小翊，婚後燕琪向國良提議，想讓小翊跟回國良姓，國良同意後，後續手續由燕琪負責辦理，國良則配合簽名。國良、燕琪離婚後，國良發現小翊並非他的親生子，國良能否改變戶籍登記？

> **法院判決結果**
>
> **臺灣嘉義地方法院92年親字第31號民事判決**
> 按因認領而發生婚生子女之效力，須被認領人與認領人間具有真實之血緣關係，否則其認領為無效。
> 原告確於82年7月1日書立認領同意書，以被告確為其所生為由，認領為長男，並於同日由原告及被告母親共同向戶政機關申請認領登記等情，此有本院向嘉義市東區戶政事務所調得之認領登記申請書、認領同意書附卷可稽。
> 原告主張，兩造確無血緣關係等情，業經被告自認在卷，並經本院囑託財團法人天主教聖馬爾定醫院就兩造血緣關係予以鑑定，該院鑑定後，認兩造之送檢檢體，其DNASTR基因座系統有六個基因座型別矛盾，即原告與被告間不存在血緣關係等情，此有該院所出具之親子血緣關係DNA驗證報告書

附卷可參。

合前所述，兩造既無血緣關係，則原告請求確認其於82年7月1日對於被告所為認領行為無效，應屬有據，自應准許。

法條停看聽

燕琪當時將國良登記為小翊的生父，應是向戶政事務所主張國良已認領小翊，但是只有具血緣關係的父子才有認領的問題，如果是無血緣關係要發生親子關係，只能透過收養，既然國良與小翊沒有血緣關係，那國良對小翊的認領即屬無效，而得請求法院確認認領行為無效，進而向戶政事務所辦理回復登記。

別讓你的權利睡著了

由上面兩個案例事實可知，「認領」是指生父承認與小孩間確有血緣關係的表示，其法律效果會使小孩成為生父的婚生子女，在戶政登記上會登記為小孩的生父，但是小孩的生父與生母不一定有婚姻關係。

至於收養，則是指以與「他人」的子女發生婚生子女關係為目的之契約，也就是只能收養「他人」的子女，這是因為民法第1072條明文規定「收養他人之子女為子女時，其收養者為養父或養母，被收養者為養子或養女。」

所以對自己的子女是無法收養的，至於收養的法律效果，會使他人的小孩與收養的人發生養子女與養父母的關係，在戶政登記上是登記為「養父」、「養母」，且養子女與養父母及其親屬間之關係，除非法律另有規定，否則與婚生子女相同，至於養子女與本生父母及其親屬間的權利義務，在收養關係存續中則會停止。

如果明明沒有血緣關係，卻向戶政事務所辦理認領登記，登記自己為小孩的生父，這樣便是無效的認領，仍不能使小孩成為自己的婚生子女。

律師小學堂

我國法律只有「認領」和「收養」，新聞報導或坊間常常用的「領養」或「認養」，都不是法律用詞，不具法律意義。不過，在社會工作上有「認養」一詞，指個人或組織單位透過專業組織團體，對貧困的兒童提供長期或短期、固定或不固定的幫助，提供幫助的認養人與接受幫助的被認養人間不會發生民法上的親屬關係，認養人也不會有任何法律上的責任或義務。

非婚生子女也可認領嗎？

　　要使不受婚生推定的非婚生子女變成婚生子女，而在戶籍登記上有「生父」的記載，必須透過生父的認領，但要如何認領？除了認領以外，有無其他方式讓這些非婚生子女認祖歸宗？請看本文介紹！

 法院實際案例分享
◆◆◆ 案例一

　　彥文主張其母親美雪是德輝的小老婆，彥文出生後，由美雪獨立撫育，但德輝曾經支付美雪一筆錢當作生活費，彥文向德輝要求認祖歸宗，但德輝不予理會，彥文該如何是好？

法院判決結果

臺灣高雄地方法院86年親字第7號民事判決
本件原告起訴主張原告之生母於73年間為被告之側室，於74年5月23日產下原告，被告於83年間曾支付二百餘萬元予原告生母做為原告母子之生活費。原告主張之事實已據其提出證據為證，並經鑑定，結果以無法否定二人之親子血緣關係。

按非婚生子女曾經其生父撫育，依民法第1065條第1項之規定，已因視為認領而取得婚生子女之身分，縱令其身分嗣後又為生父所否認，亦無須再行請求認領，如有提起確認身分之訴之必要自可隨時提起。本件原告經親子鑑定結果確為被告之女，從而，原告訴請確認父女身分關係存在，洵為有據，應予准許。

法條停看聽

彥文如果確實是德輝的親生子女，德輝又曾支付彥文生活費，德輝便會被認為已撫育彥文，並因此被認為已認領彥文，從而彥文即為德輝的婚生子女，如果德輝否認，彥文便可以起訴，請求確認他們的父子關係存在。

法院實際案例分享
案例二

　　天佑和慕華於89年間結婚，3個月後生下光輝，二人在96年5月2日離婚。慕華在96年11月23日與國光結婚。國光起訴主張「光輝出生時，天佑和慕華雖有婚姻關係，但事實上光輝的受胎期間，慕華與天佑無婚姻關係，實際上光輝的生父是國光，國光又從小撫育光輝，應該認為國光已認領光輝，所以光輝應該視為國光的婚生子女。那麼，光輝在法律上到底是誰的小孩？

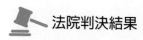 **法院判決結果**

臺灣臺中地方法院98年家訴字第64號民事判決

按非婚生子女，其生父與生母結婚者，視為婚生子女，民法第1064條定有明文。換言之，因生父與生母結婚者，該子女依法準正而視為婚生子，且應溯及於其出生之時發生效力。本件原告主張被告之生母自其受產下被告，嗣原告與被告之母於96年11月23日結婚之事實，業據其提出證據為證，被告因生父即原告與生母結婚，應視為原告之婚生子女。

再按非婚生子女經生父認領者，視為婚生子女。其經生父撫育者，視為認領，民法第1065條第1項定有明文，從而，適用本條規定之前提，須被認領者係生父之「非婚生子女」始足當之，如被認領者已為生父之婚生子女，自無認領或視為認領可言。查本件因被告之生父與生母結婚，其依民法第1064條，因準正而視為婚生子女。故被告已非原告之非婚生子女，即不符合民法第1065條第1項認領或視為認領所稱須為「非婚生子女」之要件。

本件被告既依法準正視為原告之婚生子女，其婚生子女地位已經確定，則兩造間親子關係之存否即無不明確，而致原告在私法上之地位有受侵害之危險。從而，原告提起本件確認

訴訟即無欠缺權利保護之要件，難認其有受確認判決之法律
上利益存在。是告之訴，自應依法駁回。

法條停看聽

光輝的受胎期間，其母慕華與天佑並無婚姻
關係，所以光輝不是天佑的婚生子女，而光輝
是慕華與國光所生，慕華和國光又已結婚，光輝因
「準正」而成為國光的婚生子女，國光主張光輝因國
光的「認領」而成為國光的婚生子女是不對的，而
且因為光輝依法已被視為國光的婚生子女，其婚
生子女地位已經確定，所以國光不用提起
訴訟，而可直接去戶政事務所辦理
登記。

別讓你的權利睡著了

上面兩個案例已經介紹了兩種非婚生子女成為婚生子女的方
式，一是「視為認領」，一是「準正」，加上前一篇文章介紹的
「認領」，一共三種，這也是目前民法規定的方式：

認領：即任意認領，就是生父自動承認非婚生子女為自己

的子女，而使自己與非婚生子女間發生法律上的親子關係，也就是民法第1065條第1項規定的「非婚生子女經生父認領者，視為婚生子女。」只要有真實血緣關係，且生父對外表示要認領，就發生認領效果。但民法第1066條規定，非婚生子女或其生母，對於生父之認領得否認之，至於生父認領非婚生子女後，依民法第1070條規定，則不可撤銷其認領，除非有事實足認不是生父。

視為認領：即擬制認領、撫育認領，就是民法第1065條第1項後段規定的，非婚生子女經生父撫育者視為認領，這裡的撫育不限於教養，也不問生父曾否與生母同居，只須有撫育的事實，例如支付扶養費，即視為認領。

準正：就是民法第1064條規定的，非婚生子女因其生父與生母結婚，而取得婚生子女的身分，也就是一般俗稱的「先上車後補票」。

📌 律師小學堂

民法第1069條規定，「非婚生子女認領之效力，溯及於出生時。但第三人已得之權利，不因此而受影響。」所謂「第三人已得之權利，不因此而受影響」，主要是指繼承開始，與被認領子女同一順位的其他繼承人已繼承取得之財產，不因此而受影響，被認領子女只能就尚未分配之遺產或嗣後始發現之繼承財產主張繼承權。

另外，如果是未成年子女被認領，就會有監護權、扶養費的問題，依民法第1069條之1規定，是比照一般婚生子女處理。

如果生父過世，該如何認祖歸宗？

　　經營之神王永慶過世後，龐大的遺產引發子女爭產風波，還冒出第四房子女要求認祖歸宗，更是引發媒體關注。生父過世後，已無從請求生父認領，更不可能準正，究竟此時子女是否可以認祖歸宗？又要如何認祖歸宗？

法院實際案例分享
案例一

　　俊生、美麗訂婚後，便展開同居生活，但結婚前夕，俊生不幸車禍身亡，這時美麗發現自己懷有俊生的骨肉，美麗不顧家人反對，堅持生下俊生的遺腹子仁宏，仁宏應如何認祖歸宗？

法院判決結果

臺灣高等法院暨所屬法院67年度法律座談會

按非婚生子女之認領為不要式行為，參照司法院院字第735號解釋及民法第1065條第1項之規定，該仁宏應認為經生父俊生撫育而視為已認領。至於辦理認領之戶籍登記，祇係證明認領之事實而已，於認領之效力，並無影響。其次，依戶籍法

第34條，第41條之規定，本件之認領登記，原應由俊生為之，惟俊生已死亡，聲請登記之義務，似可解為由乃父繼承，即由乃父基於已經俊生認領之事實及依據繼承關係，向戶政機關聲請為認領之登記。

法條停看聽

因為俊生與美麗已經訂婚並同居，應認為他們兩人是以永久共同生活為目的而同居，所以俊生的遺腹子仁宏，會被認為與經生父俊生撫育的情形相同，發生擬制認領的效果，仁宏當然是俊生的婚生子女。只是因為俊生已經死亡，所以要由俊生的繼承人，例如俊生的父親聲請向戶政機關辦理認領登記，將俊生登記為仁宏之生父。

法院實際案例分享
案例二

振聲、秀琴於民國36年間結婚，翌年振聲受徵召服役，後來生死不明，十年後，秀琴與國銓同居並生下建豪。但秀琴因為不識字，雖然振聲生死不明，但也沒去終止與振聲的婚姻登記，建豪出生時被登記為無父的非婚生子，但是秀琴與建豪的戶籍一直設在國銓住所，國銓也扶養建豪多年。事隔二十年後，秀琴、國銓都已過世，而且國銓別無其他的繼承人，建豪要如何認祖歸宗，請求將國銓登記為自己的生父？

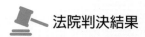 法院判決結果

福建金門地方法院101年親字第4號民事判決

按確認法律關係之訴，非原告有即受確認判決之法律上利益者，不得提起之，民事訴訟法第247條第1項前段定有明文。又非婚生子女曾經其生父撫育者，依民法第1065條第1項之規定，已經視為認領，而取得婚生子女之身分，如其身分為生父之繼承人所否認，有提起確認身分之訴之必要，即非不得對於該繼承人提起，不因生父已死亡而受影響，最高法院70年台上字第4778號判決可資參照。

經查，原告自出生起即與國銓同居受其撫育，依法視為認領，然當時原告戶籍登記為非婚生子女，致未為認領登記，依前揭法條意旨，原告自幼受其生父國詮撫育，即應視為認領，而取得婚生子之身分，因原告在法

法條停看聽

跟案例一相同，只要建豪能夠證明與國銓確實有血緣關係，且自幼受國銓撫育，即可視為已經由國銓認領，國銓的繼承人可以直接辦理認領登記。但是因為國銓無其他繼承人，無法辦理認領登記，所以建豪可以將縣市政府列為被告，提起確認建豪與國銓間親子關係存在之訴，並於取得勝訴確定判決後，向戶政事務所辦理認領登記。

律上之身分地位仍屬不明，其提起本件訴訟，應認有即受確認判決之法律上利益。再者，本件原告之生父既為國銓，然國銓已經死亡，國銓又無其他繼承人，則原告依據民法第1067條第2項之規定以金門縣政府為被告，訴請確認其與國銓間有親子關係存在，於法有據，應予准許。

別讓你的權利睡著了

由前述兩件案例可以知道，縱然生父過世後，仍然可以請求認祖歸宗，並可以由生父的繼承人直接代為辦理認領登記，但是如果生父的繼承人否認婚生子女的身分，這時就有確認其婚生子女身分之必要，而可對生父的繼承人提起確認親子關係存在之訴，或是認領之訴。即便生父沒有繼承人，依照民法第1067條第2項後段規定，仍然可以對社會福利主管機關提出訴訟，例如案例二的金門縣政府，建豪可以對之提起確認親子關係存在之訴，以達到認祖歸宗的訴求。

但要注意，這些案例的前提為，子女與所主張的「生父」之間具有真實親子血緣關係，且在「生父」在世時曾經對子女有「撫育事實」，依法方能符合認領或視為認領的要件。反之，如果生父與「認領」的子女間不具有真實血緣關係，則其認領為無效，此時就可以提起認領無效之訴，否認其二者間的親子關係。

　　由於民法第1063條有關於「婚生推定」的規定，因此即使小孩不是丈夫所生，仍然會受婚生推定的保障，使小孩成為丈夫的婚生子女，若小孩、生母與生母的丈夫未曾提出過婚生否認之訴，如那小孩真正的生父，即使有撫養小孩的事實，仍然不能主張認領子女，而請求確認親子關係存在。

🎯 律師小學堂

雖然血緣關係很重要，但法律更需要保障小孩受撫養的權利，因此，不能任意由生父提出婚生否認之訴，但若小孩自己或生母或生母的丈夫提出婚生否認之訴，那小孩的生父就可以已有撫養的事實，主張認領小孩，並請求確認親子關係存在。

如何辦理收養手續？

　　收養是一種身分上的契約，收養他人子女後，不但親子關係會發生變動，還發生後續扶養、繼承等一連串法律關係，和我們日常生活中像是買賣、借貸、合夥等等，大部分只是單純財產變動的契約關係有很大的不同，所以法律有特別規範收養的要件跟手續，尤其是為了保護兒童及少年的權益，近年來立法者制訂了許多特別法律規定，要特別注意！

法院實際案例分享
案例一

　　漢民為退役的獨居老榮民，個性孤僻，不與任何人往來，行政院退除役官兵輔導委員會的社工家鳳積極打理漢民的生活起居，取得漢民信任，之後漢民想要收養家鳳，而家鳳也同意，要如何向法院聲請收養呢？

法院判決結果

臺灣雲林地方法院98年養聲字第28號民事裁定
本件收養人因疑心病重，不易信賴他人，但收養人無法自理

生活，適時由志工即被收養人進入服務，自然而然感受到她的好，最後舉凡日常生活需要的事務，全都交由被收養人全權打理。然而，志工的進入幫忙，乃志工本身的職責，收養人恐有不解，參以收養人屬八十餘歲之老人，心智已不若一般人，其將居家服務的志工，誤認要用收養才能得到長期幫忙照顧，顯有誤會。因而，本院認收養人並未真正瞭解收養真意，也不瞭解其收養目的。

收養人希望得到被收養人的長期幫忙，方有本件收養的提起。然從事志工服務之人，乃志願配合該榮民服務處的需要及指定任務，而提供志願服務而設，收養人可以不用擔心服務幫忙之人，此乃榮民服務處依需要及資源，及如何提供服務問題，收養人的本意非傳宗接代，看不出有收養的必要性。

被收養人之前先後與榮民○○○、×××結婚，榮民○○○、×××又先後相繼死亡，被收養人目前按月領取其亡夫半俸約二萬餘元，如再婚將被取消，為被收養人與目前同居之人遲未結婚之原因。而被收養人的生父林○津已經往生，母親賴○足已82歲，若不考慮收養人每半年領有15萬6千元、名下有存款及不動產，實在很難想像被收養人僅一年左右的時間，能建立如此深厚的感情。因此，本院實在不瞭解

出養的動機及出養的必要性。
收養人有相當財產，一旦成
立收養後，在收養人有生
之年，以收養人年邁及
行動不便，被收養人得
以充分支配每月得領取之
款項，日後並因此繼承其財
產。因有上開利益，從事服務收
養人之志工者，志工與受服務之對象，有利益衝突，不宜因
此成立收養關係。
本院認本件應無收、出養之必要性，且有違反收養目的之重
大事由，本件收養不應認可。

法條停看聽

收養需要經過法院認可，法院認可
時，會綜合考量收養人有無收養的真
意、有無收養及出養的必要性，及收養
是否適當等情形做出判斷，如果答案
都是否定的，法院就不會認可漢
民和家鳳間的收養。

法院實際案例分享
案例二

　　兩對夫妻玉慧、明輝與家誠、美惠爲舊識，平日往來密
切，玉慧與明輝結婚多年都沒有孩子，擔心膝下無子，欲收養家
誠和美惠18歲的兒子立德，這在法律上會被認可嗎？

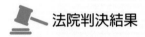 **法院判決結果**

臺灣南投地方法院97年養聲字第24號民事裁定

考量收養人與被收養人間早已相識，且亦有相當時日的瞭解互動基礎，被收養人對於收養人亦有積極栽培的意願，而被收養人亦表示收養人對其很好，其明瞭收養於法律上的權利義務關係且表達願意被收養之意願；另被收養人之父已死亡，其母亦當庭表示同意本件收養，收養人對被收養人很好等情。綜上各情，本件收養對養子女並無不利之情事，亦沒有無效或得撤銷之原因，應

符合被收養人之利益，

依法應予認可。

法條停看聽

對於收養聲請案，法院會請社福機構對兩邊家庭進行訪視調查，並審酌兩邊家庭成員、居家環境、家人看法、經濟能力、收養者的人格、收養動機及對被收養者的養育計畫與被收養者的身心狀況及意願等，以確認收養是否符合被收養者的最佳利益，進而決定是否認可。

別讓你的權利睡著了

　　我國民法第1079條規定，收養應有「書面」，並向法院聲請「認可」，所以不論被收養人是成年人（滿二十歲）或未成年人，都要經過法院認可，取得法院認可判決後才能向戶政機關辦理收養登記。

　　而法院是否認可收養，會先審核收養應具備的形式要件，比如：收養人與被收養人應提出書面的收養契約，如果子女被他人收養，並應取得其本身父母之書面同意並公證。此外，被收養人未滿7歲時，應由其法定代理人代為並代受意思表示，如果欠缺上述要件，收養為無效。此外，法院並會確認收養是否符合下列要件，如果違反也會認定為收養無效：（1）收養人的年齡應長於被收養人20歲以上，但如果是夫妻共同收養，只要夫妻中一人長於被收養人20歲以上，另一人長於被收養人16歲以上即可。（2）收養者與被收養者不能具有直系血親或直系姻親關係（但繼父母如果收養繼子女則不在此限），也不能收養六親等內旁系血親及五親等內旁系姻親，且輩分不相當者。舉例來說，祖父母不能收養自己的孫子女（直系血親）、繼父母不能收養繼子女所生的子女（直系姻親）、哥哥不能收養弟弟（旁系血親二親等且輩分不相當）（3）除夫妻共同收養外，一人不得同時為二人之養子女。

　　如果被收養人是未成年人，法院要依養子女的最佳利益做決

定，所謂最佳利益，必須審酌收養人的人格、經濟能力、家庭狀況及以往照顧或監護其他兒童的紀錄等，並斟酌兒童福利機構之調查報告及建議，以做判斷是否認可收養。

被收養人如果已經成年，法院尚會審酌下列情形，如果被收養人有「1.意圖以收養免除法定義務。2.依其情形，足認收養於其本生父母不利。3.有其他重大事由，足認違反收養目的。」的情形，則法院會不予認可收養。這是因為法院一旦裁定認可收養，將溯及於收養契約成立時發生收養效力，自此，養子女即脫離其與本生父母間的法律上親子關係，轉而與養父母成立法律上親子關係。例如，養子女的姓氏將改從養父母之姓、養子女於收養成立之日起，依法成為養父母的法定繼承人等等。立法者為避免成年的被收養人迴避其對本生父母的扶養義務或相關責任，乃特別規定，如果養子女為成年人，並有上開法定情事者，則法院不得認可收養。

最後，辦理收養應有書面收養契約並需經法院認可，如果養父母與養子女間想終止收養關係，也應有終止收養的契約書面，而且向法院聲請認可。如果法院許可終止收養後，則養子女就回復其與本生父母間的法律上親子關係。除了合意終止收養外，法律另外規定，如果養父母死亡後，養子女可以依民法第1080條之1的規定聲請終止收養；另外，如養父母或養子女間對他方有虐待、重大侮辱或者其他重大事由難以維持收養關係等情事，民法

第1081條特別規定，當事人、主管機關或者利害關係人可向法院
聲請宣告終止收養。

📌 **律師小學堂**

以往民間曾有「童養媳」的習俗，或者是有鄰居友人見小孩
長得可愛，就直接約定要收養對方小孩的案例。要注意的
是，民國101年6月1日起施行的「兒童及少年福利與權益保
障法」第16條第1項規定：「父母或監護人因故無法對其兒童
及少年盡扶養義務而擬予出養時，應委託收出養媒合服務者
代覓適當之收養人。但下列情形之出養，不在此限：一、旁
系血親在六親等以內及旁系姻親在五親等以內，輩分相當。
二、夫妻之一方收養他方子女。」

也就是說，日後如果有父母欲出養未滿十八歲的小孩或收養
別人未滿十八歲的小孩，除非是收養人與該小孩之間符合法
律規定的血親或姻親關係，例如姑姑收養侄子為養子女；或
者是夫或妻收養他方所生的繼子或繼女為養子女外，其餘的
收養案件都要委託收出養媒合服務機構辦理，並取得收出養
媒合服務機構出具的「收出養評估報告」，如果未檢附該文
件，又未依期補正者，則法院將不受理該件收養聲請，也就
無法辦理收養。

子女不孝，不能脫離親子關係？

　　八點檔常看到相愛的男女主角不被其中一方父母接受，父母認爲子女大逆不道，哭喊要脫離父子關係，偶爾我們也可看到新聞報導中，某富商因兒女不孝而宣稱與其脫離父子關係，但是父子關係可以這麼簡單脫離嗎？如果子女不孝時，在法律上可以如何主張？

 ## 法院實際案例分享
案例一

　　慶豐和秀眞婚後有一個兒子順成，本想養兒可防老，未料當慶豐和秀眞年邁無法工作，秀眞又因車禍癱瘓被送至護理之家後，原本秀眞每月2萬元之看護費以及其他生活費，由慶豐以自己的積蓄及退休金支付，然老本終究坐吃山空，當慶豐已無力支付，順成卻說自己生活也不好過，因而置之不理，慶豐兩夫妻該如何是好？

 法院判決結果

臺灣嘉義地方法院97年家訴字第19號民事判決

按「直系血親相互間互負扶養之義務」，「受扶養權利者，以不能維持生活而無謀生能力者為限。前項無謀生能力之限制，於直系血親尊親屬不適用之」，「因負擔扶養義務而不能維持自己生活者，免除其義務。但受扶養權利者為直系血親尊親屬或配偶時，減輕其義務」，民法第1114條第1款、第1117條、第1118條分別定有明文。是扶養權利人如係年邁之父母時，扶養義務人即子女縱因不能維持自己之生活，依法僅可減輕其義務，而不得全予免除。

法條停看聽

因慶豐和秀真為順成的父母，如果慶豐兩夫妻確實不能維持生活，即便順成經濟能力不佳，依法也應該要支付他們的扶養費，如果順成不願支付，可以起訴請求順成支付。

法院實際案例分享
案例二

　　國基和淑如婚後共同收養大華，並生一子偉祥，國基過世後，所有遺產由淑如、大華、偉祥繼承。但大華卻因爲遺產問題，陸續捏造虛偽事實對淑如和偉祥提起民刑事訴訟，淑如可否終止與大華的收養關係？

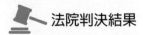

法院判決結果

臺灣高等法院101年家上字第104號民事判決

按養父母、養子女之一方有其他重大事由難以維持收養關係者，法院得依他方、主管機關或利害關係人之請求，宣告終止其收養關係，民法第1081條第1項第4款定有明文。

所謂其他重大事由，應指養親子間之感情或信賴有所破綻，並有不能回復之情況，而該破綻亦已使雙方之親子關係無法繼續維持。又按「嗣子意圖使嗣父受刑事處分而為虛偽之告訴，經檢察官為不起訴處分後復聲請再議，自係民法第1081條第6款所謂重大事由」。

詎上訴人分別對被上訴人提出上開偽造文書之刑事告訴及請求損害賠償之民事訴訟，不顧念被上訴人已80歲高齡，亦罔顧母女情誼，令被上訴人飽受官司纏身訟累，不論金錢及體

力均花費不茲,此舉已足使兩造養親間之感情、信賴產生重大破綻,並致回復困難,難以正常面對彼此。

準此,主觀上兩造早已心生嫌隙,互不信任,客觀上兩造已有相當隔閡,無法和平共處,而難再與上訴人維持親子關係,足見兩造間已欠缺互信、互愛之親情關係,彼此間之感情與信賴出現破綻,無法回復原來之狀態而維持有如親子般之關係,其情形顯已構成難以維持收養關係之重大事由。從而,被上訴人依民法第1081條第1項第4款規定,請求終止兩造間之收養關係,洵屬有據,應予准許。

法條停看聽

大華對淑如多次提起民刑事訴訟,已經讓他們兩人間的感情與信賴發生裂痕,淑如可以此為理由,請求法院終止與大華間的收養關係。

別讓你的權利睡著了

婚生子女與父母間的親子關係無法說斷就斷,法律也沒有規定可以斷絕親子關係,所以主張斷絕親子關係不具法律效果。

雖然民法規定子女要孝敬父母,然而子女不孝時,法院也不可能命子女孝順,但如果子女不願支付扶養費,父母又無法維持生活時,則可以向法院請求子女支付扶養費,除非父母對子女

有民法第1118-1條規定曾受重大虐待、重大侮辱或不法侵害或者是未盡扶養義務等情形，否則即便子女經濟狀況不佳，還是不能免除這樣的義務，只能請求法院酌減扶養費金額。

此外，養父母與養子女的親子關係，因為是一種身分契約，所以可以終止而結束親子關係，終止方式可以是養父母與養子女合意終止，如果無法合意終止，而養子女又真的不孝，則可以請求法院裁判宣告終止。

律師小學堂

一、實務上發生過，父親自子女小時後便離家出走，等到年紀大了，才回頭要求子女扶養，對子女顯然不公平，這時依民法規定，法院可以免除子女的扶養義務。

二、收養關係的終止，若為合意終止，需要有書面，且如果養子女是未成年人，還要經過法院的認可；而在法院裁定終止收養的情形，除了養父母死亡後，養子女得聲請法院許可終止收養外，還有以下幾點狀態可終止收養：①對於他方為虐待或重大侮辱；②遺棄他方；③因故意犯罪，受二年有期徒刑以上之刑之裁判確定而未受緩刑宣告；④有其他重大事由難以維持收養關係。

父母離婚時，小孩的監護權屬於誰？

夫妻離婚時，除了財產該怎麼分，另一個爭執的重點就是小孩到底該跟誰！這是一個難解的習題，不只夫妻間很難吵出結果，法官也很難判斷，畢竟清官難斷家務事，外人真的很難斷定孰是孰非，但一旦鬧到法院，法官還是必須做出判斷，所以先讓我們了解法官的判斷基礎！

 法院實際案例分享
案例一

富國、育如為夫妻，有一未成年子軍翔。富國主張，育如婚後未久即無故離家，富國要求履行夫妻同居義務，育如都拒絕，平日是由他照顧軍翔；然而育如卻表示，其是受到婆婆虐待，不得已才離家，離家時有先告知富國，並留下一筆錢。法院判決富國、育如離婚時，會如何認定由誰負責軍翔的監護權？

 法院判決結果

臺灣基隆地方法院101年度婚字第215號家事判決
經進行訪視兩造及未成年子女，除被告拒絕訪視外，就原告

及未成年子女之訪視結果略以：「1.父母照顧子女的意願：
原告表示被告在家期間即沒有善盡照顧未成年人的義務，
諸如未成年人身上偶有瘀傷、齒痕以及未成年人飲食不正
常；2.子女受監護的意願：未成年人年幼，無法理解監護權
之意。3.親職能力項目：未成年人之生活照顧主要由原告母
親與原告之二姊負責，原告對於子女日常生活的細節似乎不
甚瞭解，除提供經濟來源外，未成年人生活撫育都是由其家
人負責，若工餘仍有體力時偶會帶未成年人到附近公園散
步，經濟上則是由原告與原告之父親支持；4.子女與家庭成
員的互動情形：原告表示未成年人與家人相處融洽，特別是
祖母、姑姑兩位主要照顧者；5.居家環境評估：住家為獨棟
三層樓，屋內環境整潔、光線佳；6.非正式社會資源：原告
之大姊、二姊結婚後搬移原生家庭，但仍經常回原生家庭走
動、照顧，同時會協助照顧未成年人；7.監護權的建議：原
告目前工作薪資雖應足以照顧其未成年子女，但其工作短期
內仍將有變動，另原告原生家庭可提供充分照顧系統支持未
成年人，但家內成員與被告間之衝突仍待釐清。被告經數度
聯絡拒絕接受訪視，表示回基隆會害怕，並不斷指出離家前
被其他家人虐待（但無提供更具體之事證或說明），被告並
強調若聲請人願意攜子離家至台北共同生活，願意將婚姻關

係持續下去」等語，未成年子女現與原告、原告之父母同住，社工人員現場觀察未成年人與其他家人關係相處融洽。

本院斟酌上開訪視報告認原告有行使負擔未成年子女權利義務之意願，且未成年子女長期由原告、原告之母為主要照顧者，彼此依附關係親密；反觀被告離家後，對未成年子女未為聞問，已逾一年對未成年子女未盡實質保護教養義務，亦無與未成年子女聯繫，顯對未成年子女漠不關心，故本院認為兩造所生未成年子女權利義務之行使及負擔由原告任之。

法條停看聽

法院會請社福機構分別對夫妻雙方進行訪視。訪視內容大致上是雙方照顧子女的意願、子女的意願、照顧子女的能力、與家庭成員互動情形等等因素來決定監護權的歸屬，並非僅以財力做為唯一考量。

法院實際案例分享
案例二

伯顏、玲玉為夫妻，有一女小芫、一子小天，均未成年。玲玉表示伯顏對其有家暴行為，只得獨自離家謀生。法院判決離婚時，如何認定由誰擔任小芫和小天之監護權？

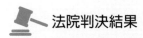 法院判決結果

臺灣臺南地方法院101年婚字第159號民事判決

經訪視兩造及子女認：「原告雖名下無自宅，且另有五十萬元之負債，然觀原告以往工作態度，原告係努力工作者，且自兩造子女出生至今，即使兩造分居期間，原告仍繼續供應子女生活及學業之需，顯示原告謀生能力佳，兩造分居期間原告仍會利用週末陪伴子女，且會關心兩造子女身心發展，經營親子關係，此對兩造子女身心發展有穩定之效，降低兩造衝突關係所造成之負面影響，因此，原告應適宜監護。綜觀上論，原告目前經濟能力較薄弱，但觀其抗壓面對經濟挑戰能力佳、又有舒適之居住環境，使其能穩定兩造子女生活之需，且原告注重親職教養且用心經營親子關係，因此，原告適宜監護兩造子女，且兩造長女正值青春期，若由同性監護者即是原告監護，應較適宜。」等語，本院審酌上開調查結果、訪視報告及子女意願，認長女由原告監護尚無不當，而長子年僅9歲，兩造均有監護意願，爰依聲請酌定。長女權利義務行使

法條停看聽

與案例一相同，法院會請社福機構分別對夫妻二人進行訪視，參考訪視報告及其他證據資料，做出決定。

或負擔由原告任之，長子權利義務之行使或負擔由兩造共同任之。

別讓你的權利睡著了

上面兩例案例的妻子都表示因家暴行為而離家，但法院判決一個取得未成年子女權利義務之行使及負擔，另一個則否，主要原因在於一個於離家期間持續關心未成年子女，一個則否；一個配合社福單位的訪視，一個卻無。

法院在判決由何人擔任未成年子女權利義務行使及負擔時，都會請社福單位對雙方進行訪視，並依子女的最佳利益，審酌一切情狀，特別是以下各點：子女之年齡、性別、人數及健康情形；子女之意願及人格發展之需要；父母之年齡、職業、品行、健康情形、經濟能力及生活狀況；父母保護教養子女之意願及態度；父母子女間或未成年子女與其他共同生活之人間之感情狀況；父母之一方是否有妨礙他方對未成年子女權利義務行使負擔之行為；各族群之傳統習俗、文化及價值觀等。

律師小學堂

法院判斷未成年子女權利義務之行使及負擔時，經濟能力不是唯一考量，縱然經濟能力不佳，未必就無勝算，因為父母對未成年子女都要負扶養義務，即便未取得未成年子女權利義務之行使及負擔之一方監護權，亦需負擔未成年子女的生活費。不過如果有家暴行為，施暴者通常就無法取得未成年子女權利義務的行使及負擔，此可參家庭暴力防治法的說明。

這類案件法院都會囑託社福單位進行訪視，訪視報告對法院有一定的影響力，所以不要排斥而應積極配合，讓社工看到正面的一面，以免「未戰先輸」。

如果真的不幸無法取得未成年子女權利義務之行使及負擔，仍可行使會面交往權，即「探視權」，要求法院訂定與未成年子女會面交往的時間、方式，這不但是父母的權利，也是子女的權利，不得任意剝奪。

法院的監護權判定，不能更動？

即便夫妻於離婚時關於未成年子女權利義務之行使及負擔、會面交往方式、扶養費等事宜已有約定，或法院已做出裁定，但這樣的約定或裁定也不是從此不變，父母仍可重新約定，甚至還可以請求法院改定。

 法院實際案例分享
案例一

俊良、琴萍離婚時約定，由俊良擔任長女惠慈的權利義務行使及負擔，由琴萍擔任次女惠中權利義務之行使及負擔。然而次女惠中值青春叛逆期，因無法接受父母離婚，加上課業壓力沉重而出現偏差行為，琴萍因此對惠中實行高壓教育，沒想到適得其反，惠中反而變本加厲，惡性循環，因此俊良希望能透過法律收回琴萍對惠中的監護權，改由俊良監護。

 法院判決結果

臺灣高雄地方法院 89年親字第83號 民事判決
被告未深究兩造之女偏差行為之形成原因，並即時協助兩造

次女建立正確之價值觀念，反以減少提供其物質需求之差別待遇方式作為處罰，兩造次女正值學齡兒童塑造健全價值觀念之時期，此舉適足以使兩造次女行為更形偏差。

況學齡兒童強烈需求愛與關懷，以培養安全感與自信心，被告即便本於對子女之關懷而責罰兩造次女，然過當之毆打行為不但不足以教導未成年子女正確的行為準則，反而造成未成年子女之恐懼與疏離，對兩造次女身心之健全發展，實有極大之負面影響。就父母對於未成年子女保護教養之義務而言，被告此舉並未善盡對未成年子女之保護與照顧，對兩造次女之成長實屬不利，則兩造次女權利義務之行使或負擔，即有改定之必要。斟酌被告對兩造次女所為不當管教行為，以及對兩造次女所可能造成之身心影響，並考量原告在經濟上足以照顧兩造次女，有完整之家庭支持系統，且原告即將論及婚嫁之女友亦於本院言詞辯論期日到庭陳稱其任教高職，具有穩定之工作，願意照顧兩造之女等情，認為兩造次女正值學齡兒童階段，需求完

法條停看聽

如果琴萍對惠中的管教確有不當，而有害惠中的身心成長，而俊良又有擔任惠中權利義務之行使及負擔的意願，可以向法院聲請改由俊良擔任惠中權利義務之行使及負擔，法院會審酌惠中的最佳利益，決定是否改定。

整之家庭功能提供健全成長環境，原告目前之狀況正足以照顧兩造之女，俾便脫離偏差行為之友人，是以兩造次女權利義務之行使或負擔，應改由原告任之，始合於兩造次女之最佳利益。

法院實際案例分享
案例二

　　瑋國、鳳玉離婚後，由瑋國負擔未成年子女小俊的監護權，沒想到瑋國不幸身故，小俊改與鳳玉同住，但鳳玉卻未盡對小俊保護教養的義務，瑋國的妹妹美玉可否請求法院改定由她負責小俊的監護權？

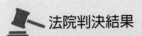 **法院判決結果**

臺灣高等法院暨所屬法院91年法律座談會

法律基於為未成年人利益之立法目的，於親權人未盡其保護教養未成年子女之義務時，自應裁定改定之，始符該條立法目的。從立法效果觀之，親權人未盡其保護教養時，於民法第1055條修訂前，僅能宣告停止親權之一部或全部，由他方當然行使或另行選定監護人，其步驟繁複，且宣告親權需依訴訟程序進行，法院無職權介入之餘，僅能消極保護未成年

子女，而立法修正後，法院得以裁定選定或改定適任親權人行使負擔未成年人之權利義務，依非訟程序積極主動為未成年子女之利益為之，能充分達到保護未成年子女之利益，且較快速，亦符合世界立法例。綜上，本案例某鳳玉確有未盡其保護教養義務或對未成年人小俊有不利之情事，美玉自得依民法第1055條第3項規定聲請由法院予以改定。

法條停看聽

如果鳳玉的確未對小俊盡到父母職責，縱然瑋國不在世，小俊的其他親友，例如小俊的姑姑美玉，仍可請求法院停止鳳玉的親權，而改由美玉擔任小俊權利義務之行使及負擔。

別讓你的權利睡著了

法院在審酌是否改定未成年子女權利義務之行使及負擔時，仍是依照酌定未成年子女權利義務之行使及負擔時所需考量的事項進行判斷。因此，請求法院改定時，要提出證據說服法院為何有改定的必要，例如，對方有發生怎樣不當的行為？對子女有何不利的影響？以及自己為何適合擔任？

同樣的，在請求法院改定會面交往方式及扶養費負擔時，也要提出證據說服法院為何有改定的必要，例如原本的會面交往

方式實際執行時有什麼樣的困難？生活有何變故，需要調整扶養費？

　　若要聲請改定未成年子女親權的行使及負擔，須向子女住所或居所地所屬法院申請，而不是父母戶籍地。此外，若父母的離婚協議不利子女者，法院也可以依縣市政府社會局處、社福機構或利害關係人或由法院依職權改定協議。

律師小學堂

如果父母都不適合擔任對未成年子女權利義務之行使及負擔時，法院甚至可以另外選擇適當的人為未成年子女的監護人，並指定監護的方法。同樣的，因為父母對未成年子女的扶養義務，不會因為父母不擔任未成年子女權利義務之行使及負擔而得免除，所以法院仍可命父母負擔扶養費及負擔方式。

第四部

別讓最愛的家
成為暴力的溫床

男女朋友間是否受家庭暴力防治法的保護？

　　家庭暴力防治法自民國87年公布施行以來，已經超過15年，保護了許許多多家庭暴力下的受害者，在政府的強力宣導及新聞媒體報導下，相信讀者們對家庭暴力防治法這一名詞、113家庭暴力專線電話，應該都不陌生。

　　但是，家庭暴力防治法所稱之「家庭」，範圍到底有多大？誰才可以算是「家庭」成員？也就是說，家庭暴力防治法保護的對象到底有哪些？哪些人可以依照家庭暴力防治法尋求協助？已經離婚的夫妻算是家庭成員嗎？如果只是同居情侶又算嗎？更甚者，如果是同居的同性情侶呢？

法院實際案例分享
案例一

　　雪芬與家豪為男女朋友，已同居多年，有天雪芬突然以個性不合向家豪提出分手，怎知道家豪不但拒絕，仍陰魂不散纏著雪芬，過沒多久，家豪酒後甚至打電話向雪芬撂話「不會讓你有好日子過」，態度凶狠，讓雪芬感到恐懼，而向警方報案。

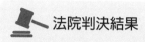 **法院判決結果**

新竹地方法院99年訴字第22號刑事判決

家庭暴力防治法所稱家庭暴力，係指家庭成員間實施身體或精神上不法侵害之行為；而該法所稱家庭暴力罪，係指家庭成員間故意實施家庭暴力行為而成立其他法律所規定之犯罪，家庭暴力防治法第2條第1項、第2項分別定有明文。

被告與告訴人原係男女朋友關係，曾同居在被告租屋處十餘年，而屬家庭暴力防治法第3條第2款「曾有事實上夫妻關係」之家庭成員。故被告出言恐嚇告訴人，造成告訴人心生畏怖之行為除構成刑法恐嚇危害安全罪外，同時亦屬家庭暴力防治法第2條第2款之家庭暴力罪，惟因家庭暴力防治法就此並無罰則之規定，仍應以刑法恐嚇危害安全罪論處。

法條停看聽

家豪與雪芬這對已成為過去式的男女朋友，因為曾經有同居關係，所以法院認為家豪與雪芬間曾有事實上夫妻關係，而為家庭暴力防治法所稱之家庭成員。

 法院實際案例分享
案例二

　　國光與淑婷為男女朋友，交往期間淑婷仍與父母同住，但

三不五時會造訪國光住處，二人分手後，國光心有不甘，要求淑婷復合不成後，便開槍殺死淑婷。

 法院判決結果

高等法院101年度上重更（二）字第2號刑事判決

被告與被害人本為男女朋友關係，交往期間被告贈送被害人禮物，後因財務糾紛起爭執並進而分手，被告求被害人復合不成，憤而開槍殺死被害人，然被害人與被告交往期間，被害人仍與父母共同居住，而未與被告同居，雖然被害人生前曾向警察局報案指稱遭到被告家暴，仍難認該二人符合家庭暴力防治法所定家庭成員之身分，非屬該法所稱之家庭暴力罪，僅能認為普通殺人罪。

法條停看聽

國光與淑婷雖曾為男女朋友，但是因為交往期間沒有同居的事實，所以法院認為國光與淑婷間沒有家庭暴力防治法所定家庭成員之關係，而不受家庭暴力防治法的保護。

別讓你的權利睡著了

上面兩個案例都是發生在男女朋友間，案例一認為被害人具有家庭暴力防治法所定家庭成員之身分，案例二卻因加害人未

與被害人同居，而不認為兩人是家庭成員。

如果是同居之男女朋友，由於同居已久，法院認為兩人屬「事實上夫妻」，被認為是有同居關係之家屬關係，而為家庭暴力防治法所規定之家庭成員，受到家庭暴力防治法之保護。

值得注意的是，不但兩人間必須有同居關係，而且一定是男女朋友關係，才是家庭暴力防治法所稱之家庭成員，如果只是一般同居關係，而不具有男女朋友關係或是其他類似家長家屬或家屬間之關係，例如大學同學共同租屋而同住，仍不屬於家庭暴力防治法所稱之家庭成員，因為大學同學間僅為朋友、同儕關係，一般不會被認為有家屬間之關係。

另外，要說明的是，家庭暴力防治法只是在使該法所稱之家庭成員間，發生家庭暴力行為時可以聲請保護令，而可受到保護令之保護，但是家庭暴力防治法除了規定違反保護令之行為本身會構成犯罪以外，並沒有就其他犯罪行為規定處罰內容，所以，如果家庭成員間發生傷害、性侵、恐嚇或是其他構成犯罪之行為，仍應該要依照刑法相關規定科以刑責，無法直接依家庭暴力防治法究責，所以前述新竹地方法院的案件才會說「惟因家庭暴力防治法就此並無罰則之規定，仍應以刑法恐嚇危害安全罪論處」，這並不是說家暴無罪，而是家暴的情節屬於刑法上的恐嚇罪。而在有保護令卻違反保護令而有傷害等犯罪行為時，該等傷害行為除了構成刑法傷害罪或相關罪責外，亦同時構成違反保護

令罪，法院將依違法的事實判斷是否從重處斷或數罪併罰。

律師小學堂

家庭暴力防治法第3條規定：「本法所定家庭成員，包括下列各成員及其未成年子女：一、配偶或前配偶。二、現有或曾有同居關係、家長家屬或家屬間關係者。三、現為或曾為直系血親或直系姻親。四、現為或曾為四親等以內之旁系血親或旁系姻親。」

所以，不論是現在具有夫妻關係，或是已經離婚的夫妻，依照家庭暴力防治法第3條第1款規定，當然屬於家庭暴力防治法所稱之家庭成員，而可受到家庭暴力防治法之保護，因此如果對前妻施暴，前妻當然可以依家庭暴力防治法聲請保護令，此無庸置疑。

另外，參照上面兩個法院判決可知，家庭暴力防治法第3條規定的家庭成員，還包括住在一起的情侶。情侶間不論是否分手，只要曾有同居的事實，就會被認為是具有事實上的夫妻關係，而在家庭暴力防治法的保護範圍之下，即便是同性情侶，也不會因為性向不同而有不同待遇，仍然會受到家庭暴力防治法的保護。

原來我也受到
家庭暴力防治法的保護！

　　家庭暴力防治法所稱的「家庭」範圍及「家庭」成員比一般社會大眾對家庭理解的範圍大，不只是夫妻及前夫前妻，包括同居的男女朋友，甚至同居的同性情侶都算在內，除此之外，還有哪些關係的人也涵蓋在內，受到家庭暴力防治法的保護？以下藉由案例做進一步介紹。

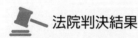
法院實際案例分享
案例一

　　銘倫有一個16歲之未成年兒子冠強，有天兩人因為冠強未婚生子而發生爭執，誰知道冠強一氣之下持刀作勢要砍殺父親銘倫，幾日後二人又再為同一事情爭吵，冠強再拿刀砍殺父親銘倫，銘倫可以對未成年的冠強聲請核發保護令嗎？

法院判決結果

高等法院暨所屬法院100年法律座談會決議
所謂家庭暴力係指家庭成員間實施身體或精神上不法侵害之行為，而家庭成員包括現為或曾為直系血親或直系姻親及其

未成年子女；又被害人得向法院聲請通常保護令、暫時保護令，家庭暴力防治法定有明文。

本例中，以銘倫與冠強間之父子關係，即屬家庭暴力防治法第3條第3款所指之家庭成員關係，雖冠強現為16歲，尚未成年，然同法第3條本文規定家庭成員包括未成年子女，且同法第10條第1項規定，只要被害人均得向法院聲請通常保護令，故冠強對其父親銘倫施以身體或精神上不法侵害之行為，已發生家庭暴力事件，是依上開法條，本件法定代理人銘倫對其未成年子冠強聲請通常保護令事件，應予准許。

🔖 法條停看聽

會有這樣的爭議是因為兒童及少年的身心都還不成熟，應受到法律及其他各種適當之特別保護，我國也因此制定兒童及少年福利法，而父母對兒童及少年本負有保護及教養責任，所以雖然有認為對於未滿18歲之兒童及少年不應核發民事通常保護令，而造成兒童及少年的無形壓力的討論。但高等法院討論結果最終認為，既然兒童及少年與父母間的關係是家庭暴力防治法所稱的家庭成員，只要兒童及少年對父母有家庭暴力行為，即便他們仍未成年，父母仍然可以對他們聲請核發保護令，所以銘倫可以對未成年的冠強聲請核發保護令。

法院實際案例分享
案例二

　　弘毅是仲權的妻舅，二人各自成家、各自居住、各自謀生，但二人因共有之土地使用及測量問題，已發生多次爭執，某次爭執時更發生推擠扭打，造成弘毅身體受傷，弘毅乃向法院聲請保護令。

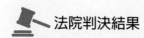

法院判決結果

最高法院92年台抗字第284號裁定

家庭暴力防治法屬於社政法規、福利法規之性質，為使更多人獲得保護令之保護以及其他扶助、護衛、輔導與治療，故其所規定之家庭成員範圍較民法親屬編所規定之家長、家屬範圍為廣，只須加害人與被害人間具有該法第3條所定之家庭成員關係，一旦發生侵害，即屬家庭暴力，並不以同財共居為必要。

再抗告人為相對人之妻舅，屬四親等以內旁系姻親之家庭成員關係，原審法院以兩造有無同財共居為得否核發通常保護令之標準，揆諸前揭說明，已難謂洽。且兩造間之土地糾紛如未獲解決，再抗告人仍有因此繼續受侵害之危險。原法院未遑詳查，即謂再抗告人無聲請核發通常保護令之必要，亦嫌速斷。

法條停看聽

弘毅與仲權是四親等以內之旁系姻親，縱然
沒有同居共財關係，但家庭暴力防治法第3條第4
項對此等關係並沒有要求要同居共財，所以法院認
為兩人間仍屬於家庭暴力防治法所稱之家庭成員關
係，而受到家庭暴力防治法的保護。
此外，因兩人間的紛爭仍未解決，弘毅將來仍
有繼續受到暴力行為侵害的危險，應有核
發保護令之必要。

別讓你的權利睡著了

由上面二個案例可知，家庭暴力防治法第3條所稱的「家庭
成員」是非常廣泛的，只要彼此間具有該條規定的關係，即便是
有其他因素介入，例如案例一的對未成年子女聲請保護令，會涉
及到對兒童及少年的身心發展、父母的保護教養義務與兒童及少
年福利法的立法目的等，都無礙於被害者可以依家庭暴力防治法
提出保護令之聲請；且除了家庭暴力防治法第3條第2項所稱之
「現有或曾有同居關係、家長家屬或家屬間關係者」外，對於配
偶或前配偶、現為或曾為直系血親或姻親、或者現為或曾為姻親

等之旁系血親、或旁系血親等親屬，均不要求必須同居才能對加害人聲請保護令。

當然，法院在具體核發保護令時，仍會綜合考量不同家庭成員間的親疏遠近、加害者的年紀、身心狀況以及家庭暴力行為的程度等，而決定保護令的內容。

像是案例一，高等法院座談會決議結果，雖然認為對未成年子女可以核發保護令，但特別強調，「核發何款保護令之際，亦應斟酌加害人及被害人之身分、地位、經濟條件、家庭暴力態樣，能否防阻繼續發生家庭暴力行為，並應善用加害人處遇計畫及家庭暴力防治法第14條第1項第13款之『其他保護令』」，以兼顧未成年子女的特殊狀況，核發必要且適當之保護令。」

律師小學堂

家庭暴力防治法的頒行，無非是希望讓更多人有機會接受保護令之保護及得到其他扶助、護衛、輔導及治療，才會打破法不入家門的傳統觀念。因為暴力對家庭的影響，往往不僅是當事人本身身心受創，更可能造成家庭破碎，使家喪失其應有的保護、教育及經濟功能，對於家庭成員尤其是未成年子女之成長過程、行為模式及價值取向影響更鉅，進而造成日後社會安全與發展之不安定因素，因此家庭暴力防治法所稱的家庭成員會比我們一般對家的觀念更為廣泛，以達到保護的目的。

所以除了我們一般認知的夫妻、父母子女（包括未成年子女）、兄弟姊妹外，前夫前妻、婆媳、前婆媳、祖孫、其他沒有同居共財但在一定親等內的血親、姻親，甚至養父母與養子女、繼父母與繼子女、同居的男女朋友、同居的同性情侶，都可以受到家庭暴力防治法的保護。

一定要有三張驗傷單，才可聲請保護令？

　　家庭成員遭受到哪些行為對待時，可以依照家庭暴力防治法尋求協助？只有知道家庭暴力防治法所稱的「暴力」行為究竟何指，才可以適時保護自己的權利，避免造成更大的傷害。

　　筆者曾經在報紙上看過名人專欄，稱「現行家暴法規定要被打三次、要有證人，根本無法抑制家暴」，在筆者的律師執業生涯中，也常有諮詢者問：「聲請保護令不是要提出三張驗傷單嗎？可是我只有一張驗傷單，可以聲請保護令嗎？」似乎社會大眾對家庭暴力防治法的印象都是一定要被打三次，才可聲請保護令，但真的是如此嗎？家庭暴力防治法究竟如何規定？法院實務操作上又是如何認定？我們來看一下以下兩個判決！

法院實際案例分享
案例一

　　宗興與珮珮為夫妻，因故發生爭吵，珮珮欲離家出走，宗興為阻止珮珮離去，動手拉扯珮珮，雙方爭執糾纏過程中，珮珮的頭部、手部都受傷，珮珮因此至警察局報案，警察局並進而為珮珮向法院聲請保護令。

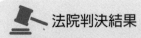 **法院判決結果**

最高法院90年台抗字第65號民事裁定

法院於審理終結後，認有家庭暴力之事實且有必要者，始應依聲請或依職權核發通常保護令，家庭暴力防治法第13條第2項定有明文。查相對人辯稱：伊係因阻止被害人離家出走，於拉扯其行李時碰撞其身體，始致被害人受有下嘴唇、下顎部瘀青及左側手背擦傷等傷害，並非故意毆打被害人，亦無施加恐嚇等語，業經證人即渠等之子女於刑事案件審理中證述屬實；被害人對該證人之證詞亦無意見，其告訴相對人傷害案件，並經原法院另案以88年度上易字第3202號判決判處相對人過失傷害罪刑確定，足徵相對人並未故意毆打被害人或予恐嚇。原法院認相對人僅係過失傷害聲請人，無予核發通常保護令之必要，並無不洽。

法條停看聽

珮珮雖然因為宗興的行為受到傷害，但法院依照證人的證詞，認為珮珮所受的傷害並非宗興故意造成，而是過失所致，宗興的行為不是家庭暴力的行為，也沒有核發保護令的必要，所以不同意核發保護令給珮珮。

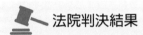

法院實際案例分享
案例二

　　俊男與玲芬為夫妻，二人發生口角，玲芬朝向俊男吐口水，挑釁俊男，俊男憤而將玲芬從浴室拖出毆打，玲芬乃向法院聲請核發保護令。

⚖ 法院判決結果

最高法院92年台抗字第110號民事裁定

按家庭暴力防治法之立法目的，係為促進家庭和諧，防治家庭暴力行為及保護被害人權益。該法所稱之家庭暴力，謂家庭成員間實施身體或精神上不法侵害之行為；所稱騷擾者，謂任何打擾、警告、嘲弄或辱罵他人之言語、動作或製造使人心生畏怖情境之行為，家庭暴力防治法第1條，第2條第1、3項分別定有明文。查上開家庭暴力行為，雖肇因於相對人對再抗告人之吐口水及推擠等暴力挑釁行為，然再抗告人未顧及幼子在場，將未著內褲之相對人自浴室內拖出，並予毆打，仍無礙於本件為家庭暴力行為之認

法條停看聽

雖然俊男毆打玲芬是出於玲芬的挑釁，但俊男既然毆打玲芬，就是家庭暴力行為，所以有核發保護令的必要。

定，自有依家庭暴力防治法第13條第2項第1款之規定，核發
保護令之必要。

別讓你的權利睡著了

　　由案例二可以知道，並不是一定要被毆打三次或是提出三次
的驗傷單，法院才會核發保護令，即便只有一次傷害行為，仍然
有可能被認定是家庭暴力行為。但同樣是一次的傷害行為，案例
二認為是家庭暴力行為，案例一則否，為何會有此等差別？

　　其實，主要是在於該等傷害行為是否是故意所為，必須是
故意的行為，才會被認為是家庭暴力行為，然後法院才會進一步
判斷這樣的家庭暴力行為有沒有核發保護令的必要，反之，如果
只是不小心造成傷害，顯然這樣的傷害結果並不是行為人所希望
的，自然就不可能被認為是家庭暴力行為。

　　當然，法院在做判斷時是講求證據的，有驗傷單只能證明有
傷害的結果，但是這樣的傷害結果是如何造成？又是誰造成？其
實光從驗傷單是看不出來的。

　　雖然法院在決定是否核發保護令時，對於證據的要求不像
其他案件那般嚴苛，但是如果可以提出驗傷單以外的其他證據佐
證，例如提出其他在場的人當證人，還是有助於法院的認定，像
案例一就是因為有證人證明是雙方爭執過程中不小心造成傷害，

不是故意的，法院才會認定這樣的傷害行為不是家庭暴力行為。

📌 律師小學堂

家庭暴力防治法第2條第1項規定：「家庭暴力：指家庭成員間實施身體或精神上不法侵害之行為。」而毆打之傷害行為，很明顯就是對他人身體的不法侵害行為，所以當然是家庭暴力防治法所稱的家庭暴力行為，而這也是最典型也最常見的家庭暴力行為。

至於這樣的家庭暴力行為是不是可以核發保護令？則是依照家庭暴力防治法第14條規定判斷，該條規定「法院於審理終結後，認有家庭暴力之事實且有必要者，應依聲請或依職權核發包括下列一款或數款之通常保護令……」，而是不是有「必要」，通常是看該家庭暴力行為的程度、被害人受到的傷害程度，以及行為人是否有繼續實施家庭暴力行為之危險等綜合判斷，如果只是偶發單一事件且程度尚屬輕微，通常不會認為有核發保護令之必要。

除了打人外，還有哪些行為是家庭暴力？

毆打是最典型也最常見的家庭暴力行為，但是，家庭暴力法所稱的家庭暴力，不僅只有毆打之傷害行為，還有其他的侵害行為，而這些侵害行為究竟有哪些呢？這是我們要瞭解的問題！

 法院實際案例分享
案例一

鴻文與湘湘為夫妻，鴻文只要心情不好，就會向湘湘放話說要開車撞死湘湘，並揚言如果湘湘敢提離婚，就要把湘湘打到不成人形，平日也會大聲辱罵湘湘，或故意砸鐵椅、製造巨大響聲，讓湘湘非常害怕，某次又因湘湘與女兒外出吃飯未邀鴻文，鴻文怒火益甚，放話「回到家給我試看看」，當天湘湘返家時態度凶狠，湘湘害怕逃離，不敢返家，而聲請保護令。

 法院判決結果

臺灣彰化地方法院99年度家護抗字第20號民事裁定
相對人主張其與女兒及女兒之男友外出用餐，因未邀約抗告人，抗告人就打電話給女兒，交代女兒告知相對人回去就試看看，嗣後又打給相對人，以「回到家給我試看看」等語威脅。

相對人吃完飯後帶女兒及其男友一起回家，到家以後抗告人非常凶，叫女兒閃一邊去，要單獨跟相對人說，相對人因害怕從客廳退到騎樓，跟抗告人說有事到騎樓談，結果抗告人非常凶，相對人就跟女兒及其男友趕快開車逃離等語。相對人上開主張，已據證人即兩造之女兒作證，足見抗告人所為，已對相對人造成精神上之不法侵害。

綜上所述，原審依相對人及證人於原審之陳述，參酌等證據，認相對人有再受家庭暴力行為之危險，而核發保護令，雖屬有據，但原審保護令中關於命抗告人不得直接或間接對於相對人為接觸之聯絡行為，尚無必要。

法條停看聽

湘湘所稱鴻文的數項行為中，雖然只有威脅湘湘這一項行為可以證明，但該行為已讓湘湘感到害怕，而對湘湘造成精神上之不法侵害，自應核發保護令，但因為鴻文、湘湘就婚姻關係之協商討論仍有接觸之情形及必要，所以保護令之內容不包括鴻文不得直接或間接與湘湘接觸、聯絡。

法院實際案例分享
案例二

　　修文、修武為兄弟，某日哥哥修文至弟弟修武住處，隨意翻動修武的櫃子，並順手拿修武之相機拍照，修武制止無效，只好抓住哥哥修文雙手禁止其繼續拍照，並於翌日請警察陪同至哥哥修文住處搜查，欲取回遭哥哥修文拿走的相機，哥哥修文認為修武對其造成騷擾而聲請保護令。

法院判決結果

最高法院93年台抗字第951號民事裁定

倘家庭成員間，因可歸責於被害人之事由，致加害人出於過當之反應而為一時性之身體上或精神上不法侵害行為，尚難認係家庭暴力防治法所欲規範之家庭暴力行為。查再抗告人一再以各種方式向相對人索討屬其妻所有之相機。再抗告人於前往相對人工作場所索回屬再抗告人妻所有之相機未果、並受告知不應至該處後，即未再至相對人工作場所，再於請求轄區派出所警員協助索討無著後，偕同警員至相對人住處尋找，能否謂非權利之正當行使而有騷擾相對人之意？已非無疑。

相對人未將該相機交還，致再抗告人及其妻無法使用，能否

謂毫無可歸責之事由？亦有斟酌之餘地。倘相對人將該相機交還，再抗告人是否猶須設法索討而不得不與相對人聯絡？更待澄清。原法院對此未遑調查審究，僅以再抗告人不思以法律程序取回相機為由，認其已對相對人實施不法侵害行為，並有繼續侵害之虞，尤嫌速斷。

> **法條停看聽**
>
> 修武雖然一再想方設法找哥哥修文，但修武的目的只是在取回被哥哥修文取走的相機，而無騷擾哥哥修文的意思，因此法院不認為這樣構成對哥哥修文的不法侵害。

別讓你的權利睡著了

上面兩個案例，一個認為是家庭暴力行為，另一個則否，兩個案例結果雖有不同，但其實法院的立場是相同的：

案例一也是經常發生的一種家庭生活情境，案例中的鴻文雖然從頭到尾沒有直接對湘湘動粗，湘湘也未因鴻文的行為受到任何身體上的傷害，但湘湘的確因為鴻文的行為而生活在恐懼中。所以鴻文的行為當然會被認為是對湘湘精神上的不法侵害，而為家庭暴力法所稱的家庭暴力行為。

在案例二中，法院雖然不認為修武的行為是對哥哥修文的不法侵害，但由法院的理由可以看出，其實法院認為「騷擾」也

可以構成精神上的不法侵害，而為家庭暴力防治法所稱的家庭暴力行為，只是因為案例中所謂修武的「騷擾」行為其實並不是出於「騷擾」的意思，且修武的行為是因為哥哥修文的行為導致，所以法院才不認為是家庭暴力行為。

📌 **律師小學堂**

總而言之，凡是家庭成員間有身體或精神上的不法侵害行為，都是家庭暴力法所稱的家庭暴力行為，而這樣的不法侵害行為，大約可以整理區分為以下幾種：

一、身體虐待：就是最典型的毆打、對身體的攻擊行為。

二、言語虐待：指以言語、聲調等引起受害者強烈不舒服的行為，例如以言語威脅、恐嚇、辱罵、誹謗。

三、精神虐待：指會造成受害人者精神、心理上困擾的行為，例如威脅自殺、干擾睡眠、控制或隔離受害者與外界的關係。

四、性虐待：指違反受害者意願，強迫從事性行為、為某種特定性交方式的行為，或其他攻擊受害者性器官的行為。

五、經濟控制：指出於惡意而不給生活費、過度控制家庭財務、強迫借貸或擔任保證人之行為。

從不同面向討論
如何聲請保護令？

依家庭暴力防治法尋求保護後，要如何聲請保護令呢？這要從聲請人、管轄法院還有聲請方式幾個層面說明。

法院實際案例分享
案例一

明龍已80歲，身體狀況不佳，平日住在安養中心，並有承恩、承德二子。承恩因覬覦明龍之財產，三不五時去安養中心騷擾明龍，趕走明龍的看護，不准明龍睡覺，並擠壓明龍病床，要求明龍盡快處理房產，明龍受到嚴重驚嚇。承德因此為明龍向法院聲請對承恩核發保護令。

法院判決結果

最高法院89年台抗字第635號民事裁定

查再抗告人為被害人聲請本件暫時保護令伊始，僅於聲請狀提及其母為一患有腦中風、高血壓、冠心病之80歲老人，迄未提出符合上開身心障礙者保護法第3條所定身心障礙者條件之證明，所提診斷證明書亦祇載明腦中風、高血壓、冠心病

等病症，已難謂被害人為一身心障礙者，且依再抗告人提出之受理查尋人口案件登記表、出院病歷摘要及診斷證明書等其他書證，並依被害人於板橋地院審理核發上開通常保護令時之對答，亦不能認被害人之身體或精神狀況及當時之處境委有因故難以委任代理人之情事，再抗告人據以為其母聲請核發通常保護令，依上說明，自有未合。原法院本於上述理由而為再抗告人不利之裁定，經核於法並無違背。

法條停看聽

明龍並非身心障礙者，沒有不能委任代理人之情形，即便年事已高，其子女承德仍不得以自己的名義為明龍聲請保護令，因此，遇到這個情形，應該是請明龍簽立委任狀給承德，讓承德幫明龍處理保護令的事，而不是由承德以自己的名義去聲請。

法院實際案例分享
案例二

伊朗人David與我國人娟娟育有未成年子小寶，David與娟娟離婚後，David取得小寶的監護權，二人住在台北，娟娟則搬到台南。小寶因為父親David在台北住處對他施暴痛打，而逃到母親娟娟台南住處，娟娟住處的警察局想為小寶聲請保護令，應向

哪一法院聲請？

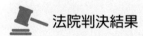

法院判決結果

台灣高等法院暨所屬法院89年法律座談會

依家庭暴力防治法第10條之規定，保護令之聲請，由被害人之住居所地、相對人之住居所地或家庭暴力發生地之法院管轄。為符合防治家庭暴力之立法意旨，充分保護家庭暴力之被害人，自應作有利於被害人之解釋，本件被害人現既居住在台南，經警察機關之聲請，台灣台南地方法院應有管轄權。

法條停看聽

因為被害人小寶現在居住在台南，即便其父David住在台北，暴力行為地也發生在台北，台灣台南地方法院仍有管轄權，娟娟住處的警察局可向台灣台南地方法院為小寶聲請保護令。

別讓你的權利睡著了

要合法聲請保護令，要從聲請人、管轄法院及聲請方式三個方面探討：

● 聲請人

被害人本人當然可以聲請保護令，這是無庸置疑的，但是

如果被害人爲未成年人或是身心障礙者時，根本不可能期待他們自己提出聲請，因此家庭暴力防治法第10條第1項規定「被害人得向法院聲請通常保護令、暫時保護令；被害人爲未成年人、身心障礙者或因故難以委任代理人者，其法定代理人、三親等以內之血親或姻親，得爲其向法院聲請之」，在被害人爲未成年人、身心障礙者或有難以委任代理人之情形時，他們的法定代理人、三親等以內之血親或姻親可以自己名義爲被害人聲請保護令。

另外，「家庭暴力防治法」，顧名思義是要保護家庭暴力下的受害者，而這些受害者往往都處於弱勢，不一定有能力、知識或膽量聲請保護令，或有其他因素無法聲請保護令，因此家庭暴力防治法第10條第2項規定「檢察官、警察機關或直轄市、縣（市）主管機關得向法院聲請保護令」，而使家庭暴力防治法之公益性質更爲明顯。實際上，按照現行實務作法，當發生傷害行爲而至警察局報案時，警察局也會在確認是家庭暴力行爲後，主動詢問是否要幫忙聲請保護令，而使家庭暴力防治法更能落實。

● 管轄法院

家庭暴力防治法第11條規定「保護令之聲請，由被害人之住居所地、相對人之住居所地或家庭暴力發生地之法院管轄」。所謂住所，依民法第20條第1項規定是指「依一定事實，足認以久住之意思，住於一定之地域」，與戶籍地不能劃上等號，而未成年人的住所，依民法第20條規定，是以法定代理人之住所爲準；

至於居所，則是為了某種特定目的而暫時居住的處所，像是案例二中，小寶為了避免家庭暴力行為而逃到台南與母同住，台南就是小寶的居所，而住所與居所最大的差別在於，居所沒有久住的意思，住所則有。

● 聲請方式

保護令之聲請要以書面提出，這也是無庸置疑的，這就與向法院提起訴訟要寫起訴狀是一樣的道理，但是在某些緊急狀況，如果仍堅持要以書面聲請保護令，恐過於僵化而緩不濟急，因此家庭暴力防治法第12條規定「被害人有受家庭暴力之急迫危險者，檢察官、警察機關或直轄市、縣（市）主管機關，得以言詞、電信傳真或其他科技設備傳送之方式聲請緊急保護令」，而可在緊急狀況下以口頭等簡便方式聲請。

律師小學堂

為了更徹底保護家暴受害者，保護令聲請時間不限於公家機關上班時間，且聲請保護令也不用繳交任何費用。因此，若遇到家暴事件，可以自行或讓警察局協助聲請保護令。

認識保護令，保障最大權益！

　　為防治家庭暴力行為的發生並保護被害者的權益，而有「民事保護令制度」，也就是當發生家暴時，由被害者自己或透過檢察官、警察局、派出所、直轄市、縣市政府社會局向法院聲請民事保護令，約束加害人的行為或命令他必須遵守一些義務，以保障被害者自己及特定家庭成員尤其是未成年子女的安全。

 法院實際案例分享
案例一

　　金生與美足為夫妻，金生只要喝酒就會毆打美足。某日，二人因小孩教養問題起爭執，美足跟小孩都遭到金生毆打，美滿報警後，向法院聲請核發暫時保護令，法院禁止金生對美足及小孩實施家庭暴力，同時要求金生進行7小時的心理或精神狀態鑑定。

 法院判決結果

臺灣高等法院92年暫家護抗字第137號民事裁定
法院暫時保護令中命抗告人接受7小時心理或精神狀態鑑定之命令，該項鑑定係為確定抗告人有無必要施以處遇計畫，所

必須進行之鑑定程序，乃法院斟酌定處遇計畫所進行之調查證據方法，並非為保護被害人即相對人及其特定家庭成員之保護令，況且，原法院於將來進行之通常保護令審理程序，倘認抗告人有施行上開處遇計畫之必要，非不得於該程序審理時，命抗告人為前開鑑定。原法院命抗告人為前開鑑定，尚有未洽。

法條停看聽

只要依照聲請資料認為被害人美足有受家庭暴力之急迫危險時，法院就要核發暫時保護令，美足陳述的內容是否符合事實，不是在暫時保護令階段時法院要審理的。至於要求加害人金生進行心理及精神狀態鑑定，是為了確認有無對其進行加害人處遇計畫，這是在通常保護令才要審酌的，所以暫時保護令階段不可以做這樣的命令；不過這部分實務上見解紛歧，臺灣高等法院暨所屬法院93年法律座談會就認為，如認有對加害人為心理或精神狀態鑑定之必要，為及時保護聲請人之人身安全，在未逾必要之範圍內，仍可要求加害人為心理或精神狀態之鑑定。

法院實際案例分享
案例二

　　文豪精神狀態不穩且有暴虐傾向，時常對妻子玲玲及小孩進行精神及身體上的虐待，造成玲玲及小孩心生恐懼，玲玲提出六次診斷證明及鄰居為證人，向法院聲請核發通常保護令。

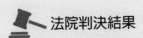 法院判決結果

臺灣雲林地方法院89年家護字第71號民事裁定

聲請人及子女有繼續遭受相對人實施不法侵害行為之危險，爰依家庭暴力防治法之規定，核發第13條第2項第1、2、6、8款內容之保護令。因為玲玲已提出證據證明其與子女有繼續遭到家庭暴力的危險，所以法院同意核發通常保護令，內容包括：禁止相對人對於被害人及其子女實施家庭暴力；禁止相對人對於被害人為騷擾、接觸、跟蹤、通話、通信或其他非必要之聯絡行為；未成年子女權利義務之行使或負擔由聲請人任之；相對人應給付聲請人住居所之租金及其與未成年子女之扶養費。

法條停看聽

保護令的內容並非僅限於靜止施暴者的行為，也可以要求施暴者應繼續支付扶養費以維持生活。

別讓你的權利睡著了

上面二個案例分別為二種保護令類型，一為暫時保護令，一為通常保護令。前者是在通常保護令核發前，所做的暫時處置，因為通常保護令審理時間較久，所以用暫時保護令先保護，以免緩不濟急。

法院審理時，只要形式上審查合於規定，即得核發，至於實際上是否確有家庭暴力的事實及核發保護令的必要則不論，因為這是到通常保護令階段才會審理的事，且一旦聲請人撤回通常保護令之聲請、法院核發通常保護令或駁回聲請時，暫時保護令就失效。

另外，還有一種保護令是緊急性暫時保護令，這也是一種暫時性的保護，與暫時保護令不同的地方在於，這是在有急迫危險時，由檢察官、警察機關或直轄市、縣（市）主管機關提出聲請，被害人不得聲請。

至於保護令的內容，依家庭暴力防治法規定有下列幾種，由法院依聲請或職權決定核發其中一種或數種，可以視被害人及其家屬的需求，要求法院就下列情事發給保護令：

1. 禁止相對人對於被害人或其特定家庭成員實施家庭暴力。
2. 禁止相對人對於被害人為騷擾、接觸、跟蹤、通話、通信或其他非必要之聯絡行為。

3. 命相對人遷出被害人之住居所；必要時，並得禁止相對人就該不動產為使用、收益或處分行為。

4. 相對人遠離下列場所特定距離：被害人之住居所、學校、工作場所或其他被害人或其特定家庭成員經常出入之特定場所。

5. 定汽車、機車及其他個人生活上、職業上或教育上必需品之使用權；必要時，並得命交付之。

6. 定暫時對未成年子女權利義務之行使或負擔，由當事人之一方或雙方共同任之、行使或負擔之內容及方法；必要時，並得命交付子女。

7. 定相對人對未成年子女會面交往之時間、地點及方式；必要時，並得禁止會面交往。

8. 命相對人給付被害人住居所之租金或被害人及其未成年子女之扶養費。

9. 命相對人交付被害人或特定家庭成員之醫療、輔導、庇護所或財物損害等費用。

10. 命相對人完成加害人處遇計畫，並要求其接受有無必要施以處遇計畫之鑑定。

11. 命相對人負擔相當之律師費用。

12. 禁止相對人查閱被害人及受其暫時監護之未成年子女戶籍、學籍、所得來源相關資訊。

13.命其他保護被害人或其特定家庭成員之必要命令。

📌 **律師小學堂**

保護令的內容可以有很多型態，可以依據個人需求聲請保護

令，讓日後生活更有保障。

發生家暴時，可以找誰求助？

在新聞媒體報導且法治教育日漸普及的情形下，家庭暴力、家庭暴力防治法與保護令這些名詞，對讀者而言，相信都不陌生，但是一旦發生家庭暴力，除了向法院聲請核發保護令外，還有哪些管道、機構可以求助？這些管道、機構又可以提供什麼協助？請看以下的介紹！

法院實際案例分享
案例一

健豪、美惠為夫妻，健豪沒有正當職業，且愛賭成性，每次缺錢便找美惠要錢，美惠若不給錢，便對美惠拳打腳踢，暴力相向，某日更拿刀欲砍美惠，美惠閃躲不及而遭砍傷，到醫院就診時，醫師發現美惠傷痕累累，而通報警察局，請警察介入，為美惠向法院聲請保護令。

法院實際案例分享
案例二

俊國、淑華為夫妻，俊國終日酗酒，每次喝完酒後，便會摔東西、大聲辱罵淑華，並強迫與淑華發生性關係，淑華因無獨立

的經濟能力，又有年幼子女要照顧，只能隱忍，長期下來，淑華只要一聽到俊國返家的腳步聲便感到害怕，更有失眠、焦慮的情形，淑華向友人訴苦，在友人建議下打「113家暴專線」諮詢，並在社工人員的協助下向法院聲請保護令，同時接受就業輔導，進而找到工作，維持自己和子女的基本生活。

認識家庭暴力防治法

　　家庭暴力防治法爲了達到防治家庭暴力行爲的發生、保護被害者的權益的目的，創造了保護令的制度。但即便有保護令制度的建立，家庭暴力的受害者常處於相對弱勢地位，縱使想要離開暴力環境，往往會因爲擔心經濟因素、居住問題等現實考量而卻步，不敢聲請保護令，且這些受害者也很容易因爲長期處於焦慮、恐懼及緊張的環境，造成極度的無助、敏感及依賴等心理症狀，而有社會適應不良的行爲反應，即便脫離家庭暴力環境，仍無法適應社會環境，因此立法者同時建立了配套措施，好讓家庭暴力防治法的美意更能完整落實：

　　成立內政部家庭暴力及性侵害防治委員會，並在各直轄市、縣市政府成立家庭暴力及性侵害防治中心，提供24小時的專線服務及緊急救援。我們常聽到的「113家暴專線」，就是24小時免付費的專線電話，會將電話轉接到當地的家庭暴力及性侵害防治中心，使家庭暴力的被害者能用最簡單快速的方式求救。而且，

家庭暴力及性侵害防治中心提供的服務不僅如此，還包括：

1. 驗傷診療及採證：作爲聲請保護令或採取其他法律救濟手段之準備。

2. 庇護安置：提供被害者及其未成年子女之緊急安置，以及短、中、長期庇護安置，甚至住宅輔導，解決受害者住的問題。

3. 經濟協助：包括①緊急生活扶助費用；②非屬全民健康保險給付範圍之醫療費用及身心治療、諮商與輔導費用；③訴訟費用及律師費用；④安置費用、房屋租金費用；⑤子女教育、生活費用及兒童托育費用；以及⑥其他必要費用，但實際的補助對象、條件及金額等是由各直轄市、縣（市）主管機關定，解決被害者的燃眉之急。而且，除了這種一時的經濟扶助外，另外還提供職業訓練與就業服務，且依「家庭暴力被害人創業貸款補助辦法」，20歲以上、65歲以下的家庭暴力被害者，還可申請創業補助貸款，讓受害者有經濟能力能夠自立。

4. 家庭功能重建：提供或轉介被害者心理輔導、目睹暴力子女心理輔導，以及轉介施暴者處遇及追蹤輔導。

5. 其他：法律服務、就學服務、追蹤及管理轉介服務案件，以及其他與家庭暴力防治有關事項。

除了撥打「113家暴專線」，利用各直轄市、縣市政府的家

庭暴力及性侵害防治中心獲得幫助外，另一種家庭暴力受害者常見的求救方式就是報警或就醫。實際上，當發生重大的傷害行為時，撥打「113家暴專線」可能也無法阻止施暴者的行為，這時報警是最直接也最有效的方式，因為警察人員發現家庭暴力罪之現行犯時，除了必須逕行逮捕外，也會視情況及被害者之需求，於必要時為被害者向法院聲請保護令，並於法院核發緊急保護令前，在被害者住居所守護或採取其他保護被害者或其家庭成員之必要安全措施，以及保護被害者及其子女至庇護所或醫療機構。再者，當發生傷害身體之家庭暴力行為而有就醫需求時，醫療人員在發現是家庭暴力行為造成時，也會請求警察機關提供必要的協助。

此外，家庭暴力防治法也要求，醫事人員、社會工作人員、臨床心理人員、教育人員、保育人員、警察人員、移民業務人員及其他執行家庭暴力防治人員，在執行職務時知有疑似家庭暴力情事者，應立即通報當地主管機關；主管機關接獲通報後，應立即處理，必要時得自行或委請其他機關團體進行訪視、調查，在訪視、調查時並得請求警察機關、醫療機構、學校或其他相關機關協助，這些機關也有協助義務。

律師小學堂

除了本文前面論及的求救管道外，如果家庭暴力被害者有法律上的疑問，還可以求助財團法人法律扶助基金會，這是由司法院捐助成立的基金會，對於無力負擔訴訟費用及律師報酬但又有法律需求的弱勢人民，提供免費的法律服務，包括法律諮詢、法律文件撰寫，或是請律師代理民、刑事及行政訴訟。對於不符合扶助資格的被害者，各法院及政府單位亦有免費的法律諮詢服務，而可善加利用。

但是，即便政府單位建置再完備的立法，有再多的機構單位提供支援，家庭暴力的被害者如果不自己勇敢踏出去尋求協助，也是枉然，所以要想逃離家庭暴力的迫害，最重要的還是自己先勇敢踏出第一步，尋求外力支援，不然法律永遠沒有辦法介入而達到保護的目的。

貼心小提醒—家暴時的自保之道：

＊不隱忍，積極尋求外界協助，必要時撥打113或向警方報案

＊離開危險環境，與施暴者保持安全距離

＊請親友注意對方言行是否異常，提早防範危險發生

＊通常保護令核發前可先聲請暫時保護令或假處分，避免施暴者接近

＊聲請限制較嚴格的通常保護令

拿到保護令後，誰可以幫助我？

曾有新聞報導說，南投草屯一名婦人因為遭到丈夫暴力相向，聲請核發保護令，丈夫接到保護令後與婦人發生衝突，四天後在盛怒下拿榔頭搥死婦人；桃園龍潭一名婦人，在開完家庭暴力庭後，遭前夫尾拿汽油潑在婦人身上並放火燒，婦人傷重身亡……，類似的新聞事件三不五時就會發生，每當發生時，新聞媒體總會提出質疑，認為保護令一點也沒有保護作用。但法律跟法官畢竟都不是萬能的，保護令核發後，要使保護令發揮作用，重點還是在拿到保護令的人，也就是被害者要如何使用保護令，因此接下來要瞭解，拿到保護令後，可以找誰幫忙？

 法院實際案例分享

家銘與真真為夫妻，家銘因對真真家暴，經法院核發保護令，令家銘不得對真真實施身體上或精神上不法侵害行為，不得對真真為騷擾行為。但家銘收受保護令後，卻在保護令期間內，與真真發生口角，甚至將真真壓住拿菜刀欲砍真真，剛好兩人的兒子人在場，及時將家銘壓制在地。真真報警處理。家銘開庭時承認上開行為，但稱其是因為有精神疾病，且當天又喝多了，沒

有辨識能力,而沒有違反保護令的意思。

 法院判決結果

臺灣高等法院臺中分院98年上易字第284號刑事判決

被告對於其行為坦承不諱,又有證人即被害人、被害人之子可證,被告犯刑已勘認定。按家庭暴力防治法所稱家庭暴力者,謂家庭成員間實施身體或精神上不法侵害之行為;又所稱騷擾者,指任何打擾、警告、嘲弄或辱罵他人之言語、動作或製造使人心生畏怖情境之行為,家庭暴力防治法第2條第1款、第 3款分別定有明文。再家庭暴力防治法第61條之違反保護令罪,以被告違反法院依該法第14條第 1項所為之裁定為要件,一旦被告有違反保護令之行為,不論被告之主觀為何,即構成犯罪,性

法條停看聽

依據家庭暴力防治法第61條的規定,違反法院關於禁止實施家庭暴力、禁止騷擾、接觸、跟蹤、通話、通信或其他非必要之聯絡行為、遷出住居所、遠離住居所、工作場所、學校或其他特定場所或違反法院對加害人處遇計畫,觸犯違反保護令罪,可處三年以下有期徒刑、拘役或科或併科新臺幣10萬元以下之罰金。

質上屬於行為犯。被告的行為已違反保護令，而構成違反保護令犯罪，原審判決參照兩造關係、被告犯罪之動機、目的、手段、其品行與智識程度、犯罪所生之危害及其犯後坦承犯行，態度尚可等一切情狀，判處10個月有期徒刑，尚屬妥適。

別讓你的權利睡著了

拿到保護令後，如果懂得利用，確實是可以對自身的安全多提供一道保障，因為違反保護令的行為本身，依照家庭暴力防治法就已經是一種犯罪行為，我們稱之為「違反保護令之罪」。法院在認定是否構成「違反保護令之罪」的標準跟其他的犯罪比起來相對簡單，只要①有有效的保護令，②施暴者知道保護令的存在，包括起迄時間、內容，通常以保護令的送達就可以認為施暴者知道（以上兩個通常只要請法院調取當時聲請保護令的卷宗就可以證明）；及③施暴者有違反保護令的行為（這就需要其他證據，例如證人、監視錄影帶及錄音等），就可以構成。

律師小學堂

不論是否核發保護令，一旦發生家庭暴力，警察都是最佳的求救人選，而且即便取得保護令，如果在發生家暴時，被害人仍繼續隱忍，沒有報警，保護令還是形同廢紙，畢竟警察不可能24小時跟在身旁保護，還是需要被害人的通知才有辦法採取行動。

因為保護令的內容不僅只是保護被害人的人身安全，還有財產及未成年子女相關的權利義務等，家庭暴力防治法也規定如何執行：

一、不動產之禁止使用、收益或處分行為及金錢給付的保護令，得向法院聲請強制執行。

二、義務人不依保護令交付未成年子女時，權利人得聲請警察機關限期命義務人交付，屆期未交付者，得向法院聲請強制執行。義務人不依保護令之內容辦理未成年子女之會面交往時，亦同，並得向法院聲請變更保護令。

三、於直轄市、縣（市）主管機關所設處所為未成年子女會面交往，及由直轄市、縣（市）主管機關或其所屬人員監督未成年子女會面交往之保護令，由相對人向直轄市、縣（市）主管機關申請執行，必要時得請求警察機關協助。

四、取得暫時對未成年子女權利義務之行使或負擔者，得持
　　保護令逕向戶政機關申請未成年子女戶籍遷徙登記。

五、完成加害人處遇計畫之保護令，由直轄市、縣（市）主
　　管機關執行，必要時得請求警察機關協助。

六、禁止查閱相關資訊之保護令，由被害人向相關機關申請
　　執行。

七、其他保護令之執行，由警察機關為之。警察並須依保護
　　令內容保護被害人到住居所，確保被害人安全的占有住
　　居所、汽車、機車或其他個人生活上、職業上或教育上
　　的必需品，包括證照、書據、印章或其他憑證，必要時
　　並得從施暴者處取得該等必需品，交付被害人，如果拿
　　不到這些憑證時，被害人可以就屬於被害人的憑證申請
　　主管機關變更、註銷或補行發給，就屬於相對人的憑證
　　請求原核發機關發給保護令有效期間之代用憑證。

保護令有效期間內，對婚姻生活的影響？

　　雖然很多時候夫妻之一方對他方取得保護令後的下一步，就是訴請離婚，但畢竟保護令只是約束加害人的行為，或命令他必須遵守一些義務，保護令本身並不會使婚姻關係結束，至於親子關係更無法像婚姻關係般還有「離婚」的可能，而無從「脫離親子關係」。不過，保護令的存在，畢竟限制了加害人的行為，而會對婚姻生活、親子關係產生實質上的影響。本文便是介紹影響情形！

 法院實際案例分享
案例一

　　家豪與敏娟為夫妻，因家豪長期對敏娟家暴，敏娟便聲請法院核發保護令，命家豪應遠離敏娟居所至少50公尺，家豪因此搬離兩人共同住處。後來，在保護令有效期間內，家豪因敏娟的同意，而又搬回兩人共同住處，與敏娟同住，家豪的行為是否構成家庭暴力防治法規定之「違反保護令罪」？

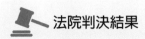 **法院判決結果**

臺灣高等法院暨所屬法院101年法律座談會

法院依法核發之民事保護令，既經公權力之強力介入，而具有公共利益之強制力，顯非被害人所得任意處分；則命相對人遷出住居所之保護令，縱得被害人之同意不遷出或於保護令有效期間內遷回住居所，相對人既就保護令之內容已有認識而仍不遠離或進入被害人之住居所，不問其目的為何，均構成該法第61條第4款之違反保護令罪。是家豪雖係得敏娟同意後遷回家豪居所居住，惟法院民事保護令所保護之法益，既非被害人所得自由處分，則被告於保護令尚未因撤銷或屆期等原因失效前，其再遷回上開住所與被害人同居之行為，自仍無解於違反保護令之刑責至明。

法條停看聽

保護令既已要求家豪遠離敏娟住處一定距離，縱然敏娟同意家豪繼續與同住，但兩人同住之行為仍然違反了保護令，而構成「違反保護令罪」，可處三年以下有期徒刑、拘役或科或併科新臺幣10萬元以下罰金。

 法院實際案例分享
案例二

　　俊彥與怡眞爲夫妻，育有一女妮妮，因兩人婚後怡眞經常虐待妮妮，離婚後法院便核發保護令，禁止怡眞對妮妮爲家庭暴力行爲、直接或間接爲騷擾之聯絡行爲，並命怡眞遠離妮妮住處50公尺，不過俊彥與怡眞在離婚時約定，怡眞可以每週探視妮妮一次，怡眞便要求法院強制執行讓她可以探視妮妮，法院能否拒絕？

 法院判決結果

臺灣高等法院暨所屬法院 95 年法律座談會

保護令有效期間內，「怡眞不得直接或間接對於妮妮為騷擾之聯絡行為」，此項禁止會面交往之必要性，業經家事法庭調查審認，並宣示為保護令內容之一部分，如有相當事證足認准許怡眞與妮妮會面交往，該當於「怡眞不得

法條停看聽

上面的法院案例雖然是針對強制執行做的，但是由其結論可知，法院在核發保護令時既已宣示怡眞不得直接或間接對於妮妮為騷擾之聯絡行為，如果怡眞對妮妮的探視已經達到直接或間接對於妮妮騷擾之聯絡行為之程度時，即使有探視的協議，仍然不能探視。否則將會構成違反保護令。

直接或間接對於妮妮為騷擾之聯絡行為」，執行法院即應以本件執行名義與保護令規定之內容互相牴觸為由，駁回怡真所為強制執行之聲請。

別讓你的權利睡著了

由上面二個案例事實可知，保護令有時候為了保護受害者，不但會打破夫妻共同婚姻生活的狀態，甚至會剝奪加害者對於未成年子女的探視權，而使婚姻生活事實上不復存在。當然，也不是所有保護令都會有這樣的影響，仍然要看加害者的施暴程度、保護令的內容，以及加害者後續的具體行為而在個案中判斷，畢竟夫妻共同生活才是婚姻關係的常態，而且父母子女間的親權既是父母的權利義務，也是子女的權利！

🐜 律師小學堂

既然父母子女間的親權是子女的權利，不能因為保護令而剝奪子女此等權利，因此，除非保護令有明令禁止加害人與未成年子女會面交往，否則加害人仍然可以探視未成年子女。而法院准許加害人探視未成年子女時，通常會審酌未成年子女及被害人之安全，同時為下面一種或數種的命令：①於特

定安全場所交付子女；②由第三人或機關、團體監督會面交往，並得定會面交往時應遵守之事項；③以完成加害人處遇計畫或其他特定輔導為會面交往條件；④負擔監督會面交往費用；⑤禁止過夜會面交往；⑥準時、安全交還子女，並繳納保證金；及其他保護子女、被害人或其他家庭成員安全之條件。因此，即便加害人仍得探視未成年子女，其探視權仍然受到一定程度的限制，比如被限制在只能在警局會面。

此外，雖然加害者的婚姻共同生活、對子女的探視權等可能會因為保護令的核發而被剝奪，但在婚姻關係、親子關係仍然存在的情形下，其身為夫或妻、父或母依法所應負的扶養義務仍然需要履行。

也就是說，在保護令下，即便加害者不得與受害者同住，只要尚未離婚，在受害者不能維持生活而無謀生能力的情形下，身為夫或妻的加害者仍然要對受害者負扶養義務，支付生活費；即便加害者不得探視子女而無法行使親權，身為父或母的加害者仍然支付未成年子女扶養費！

家暴對判決離婚的影響？

通常發生家暴又取得保護令後，很多人的下一步就是要離婚，當然也有人是為了離婚、取得有利的離婚條件，或是在離婚時爭取子女的監護權，而先聲請保護令。無論如何，就如同保護令會對婚姻實質生活造成影響，家庭暴力對於判決離婚也有一定程度的影響。

這裡特別強調「判決離婚」，是因為另一種離婚方式「協議離婚」，是你情我願的離婚，此時家暴只會是一種談判的籌碼，縱然發生家暴，只要雙方沒有共識，仍然無法因此離婚，仍需訴請法院判決離婚。以下透過實際案例說明家暴在判決離婚的影響！

法院實際案例分享
案例一

永彬與燕萍為夫妻，育有一子，現年5歲。法院核發保護令，命永彬遠離燕萍50公尺，不得對燕萍有家暴行為，但是永彬依然故我，燕萍不願繼續忍受，永彬又不願意離婚，燕萍只好向法院訴請離婚，並要求小孩的監護權。

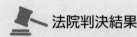 **法院判決結果**

臺灣嘉義地方法院101年字第225號民事判決

本院審酌兩造相處過程中，被告言行舉止確有損於人性之尊嚴及夫妻間之相互尊重，已足認原告無論係身體上或精神上所受之痛苦，於客觀上均已達不可忍受之地步，因而致不堪繼續同居之程度。從而，原告依同條第3款不堪同居虐待之離婚事由請求離婚，依法自屬有據，應予准許。被告對原告有上揭家庭暴力行為，兩造子女均曾目睹被告對原告施暴，如由被告監護，恐對子女日後人格發展產生不良影響。再者，被告情緒不穩定，若共同監護，在面對子女重大決定時無法達成共識，或互相推諉責任恐起爭執，影響子女之權益，本件情形並不適於共同監護。又長女、長男如分別由原告、被告監護，對兩造而言雖均可獲得一名子女帶來的慰藉，然子女並非父母的財產，在酌定子女親權歸屬時，應以子女最佳利益為考量，而非以父母間的利益或公平為考量，將長女、長男分由兩造監護，將導致姊弟無法一起生活成長、互相學習，喪失相互扶持理解的同儕，對長女、長男而言，並非妥當，準此，本院認以原告任親權人為適當，爰為該未成年子女之最佳利益考量，將兩造所育之未成年二名子女權利義務

之行使或負擔，均酌定由原告任之。

法條停看聽

「夫妻之一方，受他方不堪同居之虐待」，是法
律規定的裁判離婚的事由，而有保護令，通常就可以證
明有同居虐待的情形，所以法院參考相關證據通常會判決
准予離婚的請求。至於未成年子女的監護，因為家庭暴力防
治法已規定「已發生家庭暴力者，推定由加害人行使或負擔
權利義務不利於該子女」，所以有保護令時，除非有證據
證明永彬適合擔任小孩的監護人，而燕萍不適合，否
則通常都會把小孩的監護權判給燕萍，但法院還
是會請社工進行訪視，以決定監護權的
歸屬。

法院實際案例分享
案例二

　　明昭與以涵為夫妻，育有一子，現年5歲。明昭與以涵因觀
念歧異，個性不合，生活作息不一，常起口角衝突。以涵欲離婚
並單獨取得小孩的監護權，一日在兩人衝突後，以涵即向法院聲
請保護令，並進而訴請法院裁判離婚。

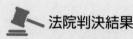 法院判決結果

臺灣新竹地方法院99年家護字第288號民事裁定

夫妻間因婚姻生活不諧而生之離婚後對未成年子女之保護教養所衍生之細故摩擦中，倘若一方不斷以枝微末節之細故對他方提出訴訟，即已違夫妻、家人、子女間相處本應以和平理性之態度，相互尊重，持和平理性之態度透過溫和溝通之方式相處。且不斷興訟爭執微小細故，無端將細微無心之失，擴大渲染成刑事罪責，不僅不符法律保障正當權利之本旨，亦有失過猶不及之中庸之道之待人處事哲理，徒然使他方及未成年子女飽受爭訟之累，故其不斷興訟之舉動顯已逾行使正當權利之界線。

法條停看聽

法院在核發保護令時，仍會考量是否有核發保護令的必要，如果以涵不斷以婚姻過程中的細故摩擦為由聲請保護令，甚至提起其他訴訟，法院也不會認可。

別讓你的權利睡著了

　　由上面二個判決可知，雖然保護令的核發對於被害者而言，可以在法庭攻防中取得離婚及爭取未成年子女扶養費的優勢，但日如果濫行聲請保護令，法院仍然不會接受，有時候甚至會變成反效果。

📌 律師小學堂

依民法規定，「夫妻之一方受他方不堪同居之虐待者，他方得向法院請求離婚」，也就是說，如夫妻間發生家暴行為，法院都會認為有不堪同居虐待之痛苦，此時訴請離婚，法院都會准許，不一定要先取得保護令，保護令只是多了一項有受到虐待的證據。

依家庭暴力防治法規定，「法院依法為未成年子女酌定或改定權利義務之行使或負擔之人時，對已發生家庭暴力者，推定由加害人行使或負擔權利義務不利於該子女」，因此，同樣的，在爭取子女監護權時，只要證明有家暴，對於取得子女監護權就相當有利，而保護令就是一種家暴證據。

第五部

相愛容易相處難，
權利義務要明白

婚姻關係如何好聚好散？

近來年台灣的離婚率持續上揚，現在甚至高居「亞洲第一」，雖說夫妻朝夕相處，難免意見不一，專家學者大都建議夫妻間要相互尊重、不斷溝通與學習忍耐，才能化解歧見，共創幸福家庭。但現實生活總是磨人，如果真的難以維持婚姻關係，曾經是最親密的夫妻，離婚也希望能夠好聚好散，各尋前程，夫妻的離婚有其法定要件，如果違反，可能離婚不成，反而滋生爭議。

法院實際案例分享
案例一

李勇跟阿英在民國80年結婚，結婚當時有舉行結婚儀式並公開宴客，但二人一直未去戶政事務所辦理結婚登記，二人婚後經常因為生活小事發生爭執，便在民國85年間同意離婚，也簽了離婚協議書，但二人想說當初結婚本來就沒有去辦過結婚登記，所以也沒去戶政事務所辦理離婚登記。李勇跟阿英分開數年後，李勇在民國90年另外娶了阿朱，而且也辦了結婚登記。但沒想到阿英知道李勇另外結婚後，對李勇提起刑事重婚告訴，李勇真的犯了重婚罪嗎？

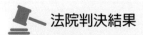 **法院判決結果**

高等法院89年上訴字第4564號刑事判決

有關被告與告訴人間之婚姻，係經過公開儀式及二名以上證人證明等情，已據被告自白屬實。依我國民法第982條第1項之規定，結婚自屬有效。而被告與朱○○間之婚姻，亦經過公開儀式及二名以上證人證明，並已辦理結婚登記等情，復據被告及證人朱○○陳述甚詳，並有被告與證人朱○○結婚照片六幀、戶政事務所戶籍謄本在卷可稽，被告有重為婚姻之行為，甚為灼然。再者，被告雖辯稱其與告訴人結婚時，曾交付印章等相關文件，交由告訴人前去辦理結婚登記，惟告訴人僅申辦寄居，致其誤以為離婚時毋庸辦理離婚登記云云。惟被告與告訴人結婚時，既知須向戶政機關申請辦理結婚登記，則被告苟有與告訴人協議離婚之事實，豈會不知須辦理離婚登記，以消滅彼此間之婚姻關係？被告對於未與告訴人以書面協議離婚，亦未向戶政機關辦理離婚登記等情，已自白屬實，告訴人亦一再指陳迄未與被告協議離婚以消滅婚姻關係等語。則被告與告訴人間之婚姻關係迄未消滅，已可確定無誤。核被告所為，係犯刑法第237條前段之重婚罪。

法條停看聽

民國97年5月22日之前，我國民法規定婚姻的有
效成立要件是「儀式婚」，只要具備結婚公開儀式及
二名以上證人，縱然並未到戶政事務所辦理結婚登記，但
結婚已成立生效。因此，以往依儀式婚規定結婚的夫妻，
雖其婚姻成立不以登記為要件，但如果要離婚，依照戶政
登記實務，仍必須先補辦結婚登記，再辦離婚登記。

民國97年5月23日後，我國民法第982條對於結婚要件
已修改為「登記婚」，結婚應以書面為之，有二
人以上證人簽名，並應由雙方當事人向
戶政機關為結婚之登記。

 法院實際案例分享
案例二

　　阿榮跟美麗決定協議離婚，但阿榮跟美麗都不想找朋友當見
證離婚的證人，阿榮就在網路上找到代辦離婚服務，阿榮打了電
話去，該公司就派了二位證人到阿榮家中。當時美麗本人剛好外
出旅遊，但阿榮跟美麗兩人已經都先在離婚協議書上親自簽名。

離婚服務公司的證人就用電話詢問了美麗是否同意跟阿榮離婚，美麗也表示同意。之後阿榮跟美麗就持該離婚協議書到戶政機關辦理離婚登記，完成離婚手續。後來美麗反悔，主張她根本不認識在離婚證書上簽名的證人，而且證人簽名時美麗本人不在場，美麗主張離婚無效，有無理由？

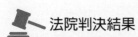 法院判決結果

最高法院42年台上字第1001號民事判決

兩願離婚書據關於證人之蓋章，依民法第1050之規定，既未限定須與書據作成同時為之，則證人某某等之名章，縱為離婚書據作成後聲請登記前所加蓋，亦不得執是而指為與法定方式不合。

高等法院89年家上字第77號民事判決

兩願離婚，應以書面為之，有二人以上證人之簽名並應向戶政機關為離婚之登記。民法1050條定有明文。又，民法第1050條僅規定兩願離婚應以書面為之，並應有二人以上證人之簽名，並無證人須與當事人素相熟識之限制，故簽名於離婚書面之證人，縱與當事人素不相識，兩願離婚之效力亦不因此而受影響。最高法院28年度上字第353號亦著有判例，且證人在兩願離婚之證書上簽名，固無須於該證書作成同時

為之（最高法院42年台上字第1001號判例）。惟既稱證人，自須對於離婚之協議在場聞見，或知悉當事人間有離婚之協議，始足當之。查兩造協議離婚書上之見證人，係於上訴人於到達陳律師事務所後，由陳律師電話徵求為離婚證人之意願，經其同意後，再由上訴人以電話央求陳郭○○為離婚之證人等事實，業據證人陳○○、陳郭○○分別於原審到場結證屬實，而兩造亦係於離婚條件談妥，合意離婚後始於協議離婚書上蓋章用印，並辦理離婚登記等事實，亦為被上訴人所不爭執，且有兩造之戶籍謄本足稽。綜上所陳，兩造協議離婚書上之見證人陳郭○○，雖與被上訴人未曾謀面，但已知悉兩造間有離婚之協議，且兩造確已合意協議離婚，並辦理離婚登記，依前揭法條規定、最高法院之判例、決議，兩造之離婚協議，已具備法定方式，應生離婚之效力，兩造之婚姻關係，已因離婚而不存在。

法條停看聽

民法第1050條規定，離婚應有二人以上證人之簽名，此處的證人只要確實知悉夫妻離婚的真意，並在離婚協議書上親自簽名或親自蓋印章即可，證人並不必一定得在協議離婚時在場或是辦理登記離婚時在場。

別讓你的權利睡著了

由前述案例中可知，民國97年5月22日之前結婚的夫妻，因為適用「儀式婚」的規定，其婚姻不以辦理結婚登記為要件即已成立。但若要離婚時，如果未辦理結婚登記，則仍需補辦結婚登記，再行辦理離婚登記。正因「儀式婚」的規定，實務上常見到已婚人士藉著不去向戶政機關辦理結婚登記，塑造未婚的假象，因此衍生許多婚姻效力的法律爭議，甚至涉及刑事的重婚罪責。

我國民法第982條在民國96年5月23日修正公布：「結婚應以書面為之，有二人以上證人之簽名，並應由雙方當事人向戶政機關為結婚之登記。」新法規定採「登記婚」，如果夫妻未向戶政機關辦理結婚登記，則婚姻無效。此條文定有一年宣導期，於97年5月23日開始施行，此後我國民法對結婚生效採「登記主義」。

夫妻雙方如果不欲維持婚姻關係，兩願離婚的要件，一定要有書面，且有二人以上證人，且夫妻二人必須向戶政機關辦理離婚登記，其離婚方屬有效。民國97年5月22日之前適用「儀式婚」規定結婚的夫妻如果想兩願離婚，千萬別藉口因為沒有辦理結婚登記，就不去辦理離婚登記，否則法律上是會認定婚姻關係仍然存續的。

另外要注意，如果夫妻二人中有未滿20歲者，因為未滿20歲

者為未成年人，未成年人如果想要離婚，依法須經過其法定代理人（父母）的同意。在戶政登記實務上，會要求在辦理離婚登記時，檢附該未成年人法定代理人的同意書。

此外，離婚協議書上的二名證人，要由該證人親自簽名或蓋章，只要證人明確知道夫妻二人確實有離婚真意，該證人並不必在離婚當事人本人簽離婚協議書時在場，或是陪同到戶政事務所辦理離婚，案例中的美麗與阿榮都已向證人表示夫妻二人離婚的意願，則證人確有見聞當事人離婚的真意，並簽名在離婚書面上，符合法律規定，美麗自不得主張離婚無效。實務上，偶爾有些案例，有的夫妻想離婚但懶得找證人，就自行將朋友名義簽在證人欄位上，但因為證人並未親自簽名，法院不但認定離婚無效外，夫妻並可能吃上刑事偽造文書的官司，不可不慎。

律師小學堂

夫妻離婚，需以書面為之，通常稱為「離婚協議書」，但夫妻一旦離婚，並非單純解消夫妻婚姻關係，通常還伴隨著夫妻剩餘財產分配、對子女親權行使等問題。所以如果夫妻要協議離婚，建議在離婚協議書中不要只是記載雙方兩願離婚的意願，最好雙方一併將（1）贍養費的約定、（2）對未成年子女的監護、扶養義務等行使負擔，對未成年子女的探視權、（3）夫妻財產剩餘請求權的計算或放棄請求等等事項，都一併約定清楚，有協議書作為雙方日後履行的依據，也可避免日後其他紛爭。

離婚協議書簽好後，可以反悔嗎？

夫妻雙方如果都不願維持婚姻關係，能夠互相談妥離婚條件，共同到戶政事務所辦理離婚手續，至少也是和平的為彼此婚姻關係畫上句點。但是，有的夫妻雖然已經協議要離婚而且也找到二名證人，簽署了離婚協議書，但其中某方事後反悔，不肯配合一起到戶政事務所登記離婚，另外一方可以依協議書請求他方配合辦理離婚登記嗎？如果不行，那當事人間已經簽立的協議書還有效嗎？

 法院實際案例分享
案例一

如龍跟燕萍結婚後生有一子，如龍因為工作經常出差不在國內，夫妻日漸生疏，燕萍覺得不想再維持這段婚姻，乃跟如龍協商離婚，二人簽了離婚協議書，也找了二位證人在離婚協議書上簽名。但在約定好要一起去戶政機關辦離婚登記的當天，如龍並未出現，燕萍詢問如龍，如龍表示他反悔不想離婚了，燕萍可否依離婚協議書要求如龍履行辦理離婚登記？

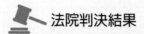 **法院判決結果**

最高法院88年台上字第2241號民事判決

兩造原為夫妻，曾於85年間簽訂兩願離婚協議書，惟迄未辦理離婚戶籍登記之事實，固據其提出兩願離婚協議書，並有兩造戶籍登記簿謄本可稽，且為被上訴人所是認，堪信為真實。惟依74年6月3日修正公布之民法第1050條規定：「兩願離婚應以書面為之，有二人以上證人之簽名，並應向戶政機關為離婚之登記」，足見兩願離婚，須具備書面、二人以上證人之簽名以及向戶政機關辦理離婚戶籍登記三項要件，始生效力，為上揭修正民法第1050條所特別規定。當事人兩願離婚，祇訂立離婚書面及有二人以上證人之簽名，而因一方拒不向戶政機關為離婚之登記，其離婚契約尚未有效成立，他方自無提起請求協同辦理離婚戶籍登記之訴之法律依據，從而上訴人依兩願離婚協議書之約定，訴請被上訴人應協同向戶政機關辦理離婚戶籍登記，並請求兩造之子廖○○歸其監護，於法無據，不應准許。

 法條停看聽

即便有了二位證人與離婚協議書，但因未到戶政機關辦理，仍不能生效。

 法院實際案例分享
案例二

　　阿仁跟小真結婚後生有一子一女，阿仁跟小真因個性不合而協議要離婚，也約定二名小孩歸由小真扶養照顧，小真希望讓二名小孩日後可以就讀有名的私立學校，所以在跟阿仁的離婚協議書中要求阿仁承諾提供二名未成年子女一筆教育基金，二人都在離婚協議書簽名，但一直未去辦理離婚登記。事隔一年，阿仁跟小真再度發生爭執，但阿仁不同意跟小真去辦理離婚登記。小真乃向法院訴請判決離婚，並主張依阿仁之前簽的離婚協議書，請求阿仁履行教育基金的約定，小真可否依離婚協議書請求？

⚖ 法院判決結果

高等法院101年上易字第667號民事判決

系爭離婚協議書中關於給付子女教養基金1,000萬元之契約，既為上訴人與被上訴人蔡○○就離婚後給付子女教養費用所為之約定，則該項給付子女教養基金契約即係以兩願離婚有效成立為停止條件，須迨停止條件成就即離婚契約成立生效時，子女教養基金給付契約始生效力；夫妻兩願離婚與經判決離婚之情形迥異，前者係夫妻依協議消滅其婚姻關係之謂，性質上屬夫妻另合意成立一解消婚姻關係之契約；而後

者則係夫妻對是否消滅婚姻關係乙節，無法達成意思合致，經由法院判決方式達離婚目的。

查上訴人與被上訴人蔡○○間之前開有關給付子女教養基金契約，係以「兩願離婚契約成立生效」為停止條件已如上述，此由該項給付子女教養基金契約係與兩願離婚契約相互聯立一情得證，是上訴人誤因其與被上訴人蔡○○間之婚姻關係業經法院判決離婚，而認渠等間之給付子女教養基金契約停止條件已成就，被上訴人蔡○○負有給付子女教養費1,000萬元之義務云云，容有違誤。

法條停看聽

法院認為阿仁跟小真之前所簽的離婚協議書中，關於子女教育基金約定，屬於附停止條件的約定，也就是，如果阿仁跟小真兩願離婚的條件並未實現，則其他的約定也不生效。

別讓你的權利睡著了

兩願離婚，除了要有離婚書面及有二人以上證人簽名外，最重要的是，夫妻二人一定要一同到戶政機關辦理離婚登記，離婚方生效力。如果夫妻二人簽立了離婚協議，但一直未到戶政機關辦理離婚登記，則二人婚姻關係仍然是存續的，而且法院判決認定，夫妻任一方也不能僅依離婚協議書起訴請求對方履行協同

辦理離婚戶籍登記。

第二件案例中，小眞本來已經跟阿仁約定要兩願離婚，但因未辦理離婚登記，自不生離婚效力。雖然後來小眞向法院起訴請求裁判離婚，但因法院准予裁判離婚需符合法定離婚事由，跟一般的兩願離婚，只要透過夫妻二人磋商所有離婚條件，藉由雙方條件之交換、退讓及妥協而達成離婚協議，二者適用情況不同。因此法院認爲，雖然阿仁跟小眞之前簽立的離婚協議書約定要支付子女教育金，但是這要以雙方完成兩願離婚登記後，始有依離婚協議書履行的義務。既然後來二人並非兩願離婚，而是訴請法院判決離婚，則原本的離婚協議以「兩願離婚」爲條件之其他條件，因此也不能主張履行，否則對當事人不公平。

爲了避免上述爭議情形發生，建議如果是有意協議兩願離婚之夫妻，爲免他方事後反悔不去辦理離婚登記。建議夫妻雙方可另外針對如何扶養子女的定額開銷或是類似提供教育基金資金的約定，單獨簽署關於子女扶養的契約書，此契約書內容如果是由父母承諾支付給子女的教育費或扶養費約定，日後即可單純爲子女的利益請求締約者履行契約，不致被法院認定因無法履行離婚協議而影響契約其他內容的約定。

律師小學堂

社會上常聽聞，有些夫妻本來協議好要兩願離婚，但事後有一方突然反悔不肯配合辦理離婚登記，但夫妻二人早因嫌隙而分居或者互不往來，導致雙方成為婚姻名存實亡的怨偶。

雖然法院見解認為，不能單憑離婚協議書訴請對方履行辦理離婚登記。但如果夫妻雙方曾經簽立過離婚協議書，後來雙方婚姻關係也因故一直未能回復圓滿狀態，此等狀況下，該份離婚協議書有時可援用為主張民法第1052條第2項「難以維持婚姻的重大事由」的證據資料，供作法院判斷是否符合裁判離婚的法定要件之參考。

不想再維持婚姻關係了，
該如何請求法院判決離婚？

　　電視上偶爾會見到，某外國明星夫婦分居多年，法院終於判准離婚相類的新聞。但這種分居達到多少年，就可以請求法院判決離婚的案例，在我國也有適用嗎？如果夫妻已經形同陌路，但又無法兩願離婚，要如何才能夠向法院起訴請求裁判離婚呢？聽說如果請求離婚的當事人對造成離婚原因是有過失的，就不能請求離婚，真的是這樣嗎？

 法院實際案例分享

　　家明與惠惠結婚後同住在台北多年，家明因為想照顧長輩打算搬到高雄居住，但惠惠希望繼續住在台北，不想搬家，夫妻因此陸續發生爭執，二人甚至還簽立了離婚協議書打算離婚，但沒有去向戶政機關辦理離婚登記。

　　惠惠認為已經跟家明簽了離婚協議書，所以就搬回娘家住居，不再與家明聯絡，家明想挽回婚姻，一直請求惠惠履行同居，但惠惠都不同意。惠惠跟家明分居二年後，惠惠認為雙方已無維持婚姻之可能，乃向法院訴請裁判離婚，惠惠的請求符合裁判離婚的規定嗎？

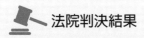

法院判決結果

臺灣高等法院89年家上字第314號民事判決

按民法第1052條第1項各款以外之重大事由，難以維持婚姻者，夫妻之一方得請求離婚。但其事由應由夫妻之一方負責者，僅他方得請求離婚，同法第二項定有明文。次按婚姻以夫妻終生之共同生活為目的，非有足以破壞共同生活之重大事由，難以維持婚姻者，夫妻之一方不得依民法第1052條第二項規定請求離婚。是婚姻是否難以維持，應斟酌破壞夫妻共同生活之具體情事，是否客觀上達於動搖夫妻之共同生活，致夫妻已喪失維持婚姻之意欲以為斷（最高法院87年台上字第2495號判決意旨參照）。

是婚姻破綻之發生，係可歸責於夫妻之一方者，該方即不得請求離婚，且該破綻須在客觀上達於動搖夫妻生活，致喪失維持婚姻之意欲。查兩造雖於85年10月4日簽立離婚協議書，惟被上訴人拒絕協同辦理離婚登記手續，亦已於本院表明無離婚意願，於主觀上被上訴人明顯有維持婚姻之意欲，再者，如前所述，兩造所以未能履行同居之義務，乃因上訴人拒絕被上訴人與其同居在先，嗣後又有多次毆打被上訴人之行為於後，系爭婚姻縱有破綻之發生，其咎乃在於上訴人。

況如上訴人主張雙方個性不合，造成溝通不良，致感情發生破綻云云，然此於客觀上並非為足以破壞共同生活之重大事由，上訴人亦未能指出其他足以致夫妻喪失維持婚姻意欲之具體情事，是上訴人主張兩造婚姻難以維持，不足憑採，上訴人執此主張依民法第1052條第2項規定請求離婚，洵無理由，應予駁回。

最高法院100年台上字第1492號民事判決

又婚姻本應以誠摯相愛為基礎，由夫妻相互協力，共同經營維持其共同生活之圓滿、安全及幸福，此乃維持婚姻之基礎。非有足以破壞共同生活或難以維持婚姻之重大事由，夫妻之一方不得依此項規定請求離婚。而婚姻是否難以維持，應衡量夫妻之教育程度、身分及社會地位，斟酌破壞夫妻共同生活之具體情事，是否客觀上達於動

法條停看聽

民法1052條第2項規定之離婚重大事由，難以維持婚姻者，夫妻之一方得請求離婚。但其事由應由夫妻之一方負責者，僅他方得請求離婚。我國實務見解認為，婚姻如有難以維持之重大事由，於夫妻雙方就該事由均須負責時，應比較衡量雙方之有責程度，僅責任較輕之一方得向責任較重之他方請求離婚，但如果雙方的有責程度相同，則雙方均得請求離婚，始符民法第1052條第2項規定之立法本旨。

搖夫妻之共同生活，導致夫妻已喪失維持婚姻之意欲為斷，
即婚姻是否已生破綻，並無回復之希望，其難以維持婚姻之
事實，是否已達於倘處於同一境況，任何人均將喪失維持婚
姻希望之程度以決之。

別讓你的權利睡著了

我國民法第1052條第1項規定：「夫妻之一方，有下列情形
之一者，他方得向法院請求離婚：一、重婚。二、與配偶以外之
人合意性交。三、夫妻之一方對他方為不堪同居之虐待。四、夫
妻之一方對他方之直系親屬為虐待，或夫妻一方之直系親屬對他
方為虐待，致不堪為共同生活。五、夫妻之一方以惡意遺棄他方
在繼續狀態中。六、夫妻之一方意圖殺害他方。七、有不治之惡
疾。八、有重大不治之精神病。九、生死不明已逾三年。十、因
故意犯罪，經判處有期徒刑逾六個月確定。」也就是，我國民法
對於裁判離婚的要件，原則上採「有責主義」，夫妻中如果有一
方有民法第1052條第1項法定的離婚事由，則他方可依法請求法
院判決離婚。但是如果是違反法定離婚事由的一方，其本身具可
歸責性，是不能訴請判決離婚的。

由上開法定離婚事由可知，我國並無分居達多少年即可請
求判決離婚的規定，也就是說，國外案例中，夫妻分居達一定年

限，即可請求法院判決離婚的相類案件，在我國現行法並不適用。實務案例上，如果夫妻有一方不履行同居義務，他方可以依據民法第1001條請求履行同居義務。有的當事人在訴請履行同居義務獲勝訴判決後，他方如果仍拒不履行同居，則後續可能進一步主張有「難以維持婚姻之重大事由」依民法第1052條第2項訴請裁判離婚，或依民法第1052調第1項第5款主張對方惡意遺棄而訴請離婚。

民國1052條第2項規定，「有前項以外之重大事由，難以維持婚姻者，夫妻之一方得請求離婚。但其事由應由夫妻之一方負責者，僅他方得請求離婚。」此項規定對於離婚要件採「破綻主義」，法院所認定的標準大致為「夫妻婚姻所生破綻，在客觀的標準，已達於倘處於同一境況，任何人均將喪失維持婚姻意欲之程度」，而且僅限對於造成夫妻婚姻產生破綻並無過錯的一方才能請求離婚，如果是應負責任較重之一方則不得向責任較輕之他方請求離婚。

但是，夫妻婚姻關係的破裂，也有可能是夫妻雙方都有造成婚姻破裂的責任，如果真的到難以維持婚姻，則法院判決上也採認，如果雙方的有責程度相同，則雙方均得請求離婚。

最後要提醒讀者，我國實務上對離婚官司還是難免有「勸合不勸離」的觀念，法律上對於離婚訴訟並規定應先進行調解程序，而且法官所認定的「難以維持婚姻的重大事由」，與一般人

所認定的「重大事由」有相當程度上的落差。比如民間夫妻常見的離婚理由像是「個性不合」、「感覺不對」，這種主張如果沒有具體證據可供法官認定達到喪失維持婚姻意欲之程度，通常法官會認為不符合離婚要件，而駁回當事人的請求。

律師小學堂

如果當事人透過法院判決離婚，待判決確定後，當事人任一方即可持法院歷次判決書、判決確定證明書以及相關文件向戶政機關申請辦理離婚登記。但現行實務上，要獲得法院准予離婚的確定判決，平均要花上三至五年以上的時間，以致當事人對冗長的訴訟期間多有抱怨。這是因為法院要審理離婚案件，需要經過嚴謹的調查，審酌相關證據是否符合法定離婚要件，所以如果真的想要取得法院准予離婚的判決，建議讀者們應事先瞭解法律規定的離婚要件，並提出具體的證據資料，方能獲得法院的有利判決。

一時心軟原諒對方，還可再聲請判決離婚嗎？

常言道「戲如人生」，電視戲劇節目經常有太太驚覺發現丈夫外遇有了小三，但為了顧全家庭，往往在先生道歉後心軟表示原諒；也有一些名人因為外遇案件召開道歉記者會，此時太太會陪同在場，並表示仍會與先生繼續婚姻關係。如果事後太太認為當初是迫於情勢才表示原諒，反悔而想請求法院判決離婚，法院會同意這樣的主張嗎？

 法院實際案例分享

立達在台灣及大陸經商多年，太太巧慧一直在台灣協助公司事務，某次巧慧到大陸某飯店參加友人的聚會，赫然發現立達跟一名陌生女子剛好入住在該飯店。巧慧當場質問立達，立達感到愧疚而向巧慧當眾下跪道歉，並簽立切結書保證日後不再犯，巧慧當下表示同意原諒立達，但巧慧回到台灣跟家人討論後，還是決定離婚，她可以請求法院判決離婚嗎？

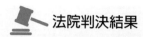 法院判決結果

高等法院94年家上字第183號民事判決

兩造和解書第1條約定：「甲方（指上訴人）應切實履行同房義務，每週應與乙方（指被上訴人）行房至少二次。」、第2條約定：「甲方出國（包括赴大陸經商、旅遊）應經乙方同意帶同乙方前往」、第5條約定：「甲方保證不得再有類似越軌行為」，而所謂對於配偶與他人通姦之宥恕，係指對此構成離婚原因之事由，不再視為婚姻之破裂，而願繼續其婚姻之感情表示，兩造於和解書既載明上訴人應切實履行同房義務、出國應帶同被上訴人前往、上訴人保證不得再有類似越軌行為等語，自係不再視通姦為婚姻之破裂事由，而願繼續其婚姻之感情表示，足見被上訴人已宥恕上訴人之通姦行為，依前揭民法第1053條之規定，被上訴人自不能以此為由訴請離婚，從而，原審認被上訴人已宥恕上訴人與秦女之通姦行為，被上訴人不得再據為離婚原因之事由，被上訴人此部分之主張為無可取，尚無不合。

📌 法條停看聽

宥恕，乃當事人表示原諒的意思表示，不限於以書面為之。但在實務上，違反婚姻義務的一方要舉證對方已經表示宥恕，如果能提出對方表示宥恕的書面，較有利於法院採認為證據。

別讓你的權利睡著了

　　民法第1053條規定，對於民法第1052條第1項第1款（重婚）、第2款（與配偶以外之人合意性交之情事），有請求權之一方，於事前同意或事後宥恕，或知悉後已逾六個月，或自其情事發生後已逾二年者，不得請求離婚。案例中，巧慧發現立達有外遇時，已經因為立達的道歉表示原諒，依法律規定，巧慧已經表示宥恕，日後巧慧即不能再以立達這次的外遇通姦行為訴請法院判決離婚。但是，如果立達並未真心悔改，又有外遇通姦行為，則可以針對另外發現的立達通姦行為訴請法院判決離婚。另外，如果夫妻某一方以他方有重婚、通姦之事由，請求判決離婚者，法律規定有請求的期限，也就是請求離婚的一方，在知悉對方有上開法定離婚事由後，如果超過六個月，或者對方重婚或通姦之行為已超過二年者，不能以此為理由訴請裁判離婚。

律師小學堂

我國刑法第239條規定，有配偶而與人通姦者，處一年以下有期徒刑。其相姦者，亦同。立法政策上，對通姦罪的存廢一直有爭議。但依現行刑法，通姦罪規定仍然存在，讀者仍需注意，通姦罪為告訴乃論之罪，而且如果配偶縱容或宥恕者，也不得提出告訴。

伴侶外遇，如何訴請離婚與損害賠償？有無期限限制？

　　社會新聞的報導中，有些夫妻因為對方發生外遇而訴請離婚並請求對方支付上百萬元的損害賠償的案例，但是法院審理的結果，好像判決要賠償的案件不多，就算有判決賠償，所判的金額好像在也才幾十萬元上下，不像外國的案例，常聽說有某位外國明星因為發生外遇，因此要賠償上千萬元給配偶。台灣的法律規定跟外國真的差很大嗎？

 法院實際案例分享

　　義朗跟安茜結婚將近五年而且育有一名三歲兒子，家庭生活和樂。某日義朗在整理安茜的書桌時，發現一張安茜與陌生男子臉貼臉的親密合照，義朗感到十分痛心，質問了安茜，安茜承認她在一年前跟該名陌生男子發生外遇，請求義朗的原諒，義朗表示無法同意，義朗思考一個月後還是決定對安茜提出離婚訴訟，並請求安茜應賠償新台幣一百萬元的損害賠償，義朗的請求合理嗎？

法院判決結果

高等法院101年家上易字第20號民事判決

民法第1056條第1項規定：「夫妻之一方，因判決離婚而受有損害者，得向有過失之他方，請求賠償。」第2項規定：「前項情形，雖非財產上之損害，受害人亦得請求賠償相當之金額。但以受害人無過失者為限。」被上訴人以上訴人與蔡○○外遇導致兩造婚姻破裂而訴請離婚，已如原證及不爭執事項所載，因上訴人與蔡○○外遇，致兩造婚姻關係無法維持，係可歸責於上訴人之事由所致，則被上訴人得請求上訴人賠償因離婚所受之非財產上損害。原審審酌兩造自五專時期即認識，交往後曾分手又復合於94年10月結婚，婚後相處約四年發生外遇，期間有許多甜蜜時光，上訴人攜帶幼子與蔡○○前往汽車旅館房

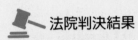

法條停看聽

民法第1056條規定，夫妻之一方，因判決離婚而受有損害者，得向有過失之他方，請求賠償；前項情形，雖非財產上之損害，受害人亦得請求賠償相當之金額。但以受害人無過失者為限。因此，對於造成判決離婚有過錯的一方，依法應對他方負損害賠償責任，但限於提出請求損害賠償的一方對於判決離婚的事由完全無過失，始得請求。

內，對於被上訴人精神上產生莫大痛苦，並斟酌兩造資力、身分、地位，及上訴人前揭行為致被上訴人所受精神上痛苦程度等一切情狀，認上訴人應賠償被上訴人30萬元，應屬適當。

別讓你的權利睡著了

我國民法對於判決離婚原則上採「有責主義」，也就是一方對於造成判決離婚有法律規定的可歸責事由，則他方可以訴請裁判離婚。但因婚姻的本質乃係夫妻二人身分上的契約，如果有一方構成法定離婚事由，違反了婚姻義務，反而造成在婚姻期間並無任何過失的他方配偶因此要承受婚姻解消後的痛苦，殊為不公，故而法律規定，無過失的一方在此情形下，可以請求有過失的一方賠償其精神上痛苦，也就是非財產上損害賠償。

但要注意者，我國對於損害賠償請求權，規定了二年的短期請求權時效，也就是如果對於判決離婚無過失的一方要請求他方賠償非財產上損害，應在知悉離婚事由後二年內提出損害賠償的請求，如果超過請求權時效，對方可能提出時效抗辯，而不負賠償責任。

📌 **律師小學堂**

或有讀者認為，我國法官判決損害賠償的金額跟國外有很大的落差，原因除了不同國家法律規定差異外，其實也是因為外國的離婚損害賠償案件中，很多當事人是事先簽有婚姻協議的，因此一旦任一方有違反婚姻義務時，他方本於協議而請求高額的賠償金。其實我國也是認可夫妻間締結的婚姻契約，如果讀者在結婚前締結了「婚前協議」，或者是在婚姻期間簽立了「婚姻協議」，事先約明雙方對婚姻應負的權利義務，例如「如有違反婚姻忠實義務（發生外遇），則違反者同意無條件賠償他方一定金額的懲罰性違約金」，日後如果真的發生對方違反協議之行為，他方則可以依協議的內容請求違反的一方履行賠償。

若對方是非本國籍人士，該如何辦理離婚？

　　近年來，台灣的跨國婚姻比率持續上升，不同國籍的配偶，往往要花費較大的心力適應在台灣的生活，難免也有跨國婚姻關係無法維持的案例，但不同國籍的配偶要訴請法院判決離婚時，會不會因為夫妻二人各有不同國籍而適用不同的法令，到底法院是怎麼認定的呢？

法院實際案例分享
案例一

　　阿俊某次出國旅遊認識了頌伊，兩人交往並論及婚嫁，頌伊是大陸人，二人結婚後，頌伊移居台灣跟阿俊同住。但結婚不久，頌伊開始不適應在台灣的生活，二人常因生活瑣事發生口角，阿俊經常對頌伊出言辱罵，頌伊負氣離家出走，自行在外租屋，二人分居未再有任何聯絡。事隔一年後，頌伊主張伊與阿俊有難以維持婚姻的重大事由，訴請法院裁判離婚，法院會如何處理大陸人士頌伊的訴訟案件呢？

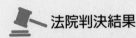 法院判決結果

高等法院100年家上字第184號民事判決

按關於臺灣地區人民與大陸地區人民間判決離婚之事由，依台灣地區之法律，台灣地區與大陸地區人民關係條例第52條第2項定有明文。又依民法第982條第2項規定，經依戶籍法為結婚之登記者，推定其已結婚。查上訴人係大陸地區人民，兩造於97年3月20日在大陸地區結婚，於同年10月1日在台灣辦畢結婚登記，並自98年7月間起在台灣共同居住，於99年3月10日分居迄今等情，有戶籍謄本及結婚公證書可證，且為兩造所不爭執，堪信為真實。依上開規定有關本件請求離婚之事由，自應依我國法律定之。

查兩造自97年3月20日結婚起迄至99年3月10日分居時止，婚姻關係尚未滿二年，然兩造於此期間動輒為生活瑣事發生爭執，數度談及離婚，上訴人甚至不顧及被上訴人之處境，於深夜在住處樓梯間大聲爭吵，並強行將被上訴人拉回家中，致遭鄰居嫌惡；又於馬路上逆向行車及連續按喇叭，引起路人側目，而逼使被上訴人上車；進而於爭執中持刀恐嚇被上訴人；被上訴人則不體諒上訴人婚後來台需時適應生活及工作環境，斤斤計較家務分擔等生活細節，動輒對上訴人發脾

氣，於爭執中亦動手傷害上訴人，甚而於兩造分居期間，與
訴外人陳○○交往密切，致加深兩造婚姻裂痕。綜合上開情
節，堪認兩造感情已然破裂，且互信、互諒之婚姻基礎已產
生動搖，而難以繼續經營共同生活，已構成兩造婚姻難以維
持之重大事由，而兩造就此重大事由發生之有責程度相當，
依前揭規定及說明，被上訴人據以請求離婚，尚無不合，應
予准許。

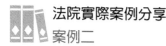

法院實際案例分享
案例二

　　志賢因工作被公司外派到上海，在上海認識了大陸人士小
君，二人結婚後住居在大陸，後來志賢跟小君因故無法維持婚
姻，並向上海法院提出離婚訴訟獲准離婚判決。志賢回台灣後，
想要辦理離婚登記，但戶政機關說志賢要取得台灣法院的認可判
決，才可以辦離婚登記。所謂「台灣法院的認可判決」是什麼樣
的判決呢？

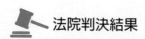

法院判決結果

台北地方法院99年家聲字第747號民事判決
按在大陸地區作成之民事確定裁判、民事仲裁判斷，不違背

臺灣地區公共秩序或善良風俗者，得聲請法院裁定認可；前項規定，以在臺灣地區作成之民事確定裁判、民事仲裁判斷，得聲請大陸地區法院裁定認可或為執行名義者，始適用之，臺灣地區與大陸地區人民關係條例第74條第1項、第3項定有明文。經查，聲請人對相對人提出離婚訴訟，河南省沁陽縣人民法院於西元2009年○月○日以（2008）沁民初字第1349號民事判決兩造離婚，業已構成臺灣地區民法第1052條第2項所定具有重大事由，難以維持婚姻之情事。準此，前開民事判決並未違背臺灣地區之公共秩序或善良風俗。再者，大陸地區最高人民法院審判委員會第957次會議於1998年通過「最高人民法院關於人民法院認可臺灣地區有關法院民事判決的規定」，於2000年1月24日公告「在臺灣地區作成之民事確定裁判、民事仲裁判斷，已得聲請大陸地區法院裁定認可」在案。從而，揆諸首開說明，本件聲請應予准許。

法條停看聽

戶籍法第34條規定，「離婚登記，以雙方當事人為申請人。但經判決離婚確定、法院調解或法院和解成立或其他離婚已生效者，得以當事人之一方為申請人。」如果是台灣人與外籍人士的跨國婚姻，就算夫妻已經在國外取得離婚確定判決，但在台灣仍應依戶籍法規定辦理離婚登記。

別讓你的權利睡著了

　　跨國婚姻的配偶，如果有一方在台灣想訴請法院裁判離婚，前提需為我國法院對該案件有「管轄權」，也就是我國法院可以行使審判的權限。我國家事事件法第53條規定，「婚姻事件有下列各款情形之一者，由中華民國法院審判管轄：一、夫妻之一方為中華民國人。二、夫妻均非中華民國人而於中華民國境內有住所或持續一年以上有共同居所。三、夫妻之一方為無國籍人而於中華民國境內有經常居所。四、夫妻之一方於中華民國境內持續一年以上有經常居所。但中華民國法院之裁判顯不為夫或妻所屬國之法律承認者，不在此限。被告在中華民國應訴顯有不便者，不適用前項之規定。」原則上，只要跨國婚姻中有一方具中華民國國籍，我國法院即可審判管轄該夫妻的婚姻訴訟案件，例外情形為，被告在我國出庭應訴顯有不便者，則法院可能會不予受理；如果跨國婚姻的夫妻都非中華民國人，其等若想在台灣提出離婚訴訟，則需符合上開法律規定的要件，法院才會受理。

　　另外，兩岸婚姻案件日益增加，實務上也有許多在大陸辦理離婚訴訟的案例，如果台灣人取得大陸法院的離婚確定判決，尚應注意台灣地區與大陸地區人民關係條例第74條規定，「在大陸地區做成之民事確定裁判、民事仲裁判斷，不違背臺灣地區公共秩序或善良風俗者，得聲請法院裁定認可。前項經法院裁定認可

之裁判或判斷，以給付為內容者，得為執行名義。前二項規定，以在臺灣地區作成之民事確定裁判、民事仲裁判斷，得聲請大陸地區法院裁定認可或為執行名義者，始適用之。」

　　也就是，如果要依大陸離婚判決在台灣辦理離婚登記，必須先向台灣的法院提出聲請，取得「認可大陸離婚判決」的民事裁定，之後才能辦理離婚登記。

📌 律師小學堂

除了法律另有規定外，台灣人與其他國家人民的跨國婚姻案件，如果配偶中的一方主張依國外的確定離婚判決的效力申請辦理離婚登記，該外國判決需符合我國民事訴訟法第402條的規定。

我國民事訴訟法第402條規定，「下列各款情形之一者，不認其效力：一、依中華民國之法律，外國法院無管轄權者。二、敗訴之被告未應訴者。但開始訴訟之通知或命令已於相當時期在該國合法送達，或依中華民國法律上之協助送達者，不在此限。三、判決之內容或訴訟程序，有悖中華民國之公共秩序或善良風俗者。四、無相互之承認者。」也就是如果外國離婚判決有上開條文各條款情形，則我國法院將不認可該國外判決的效力，實務案例上因此有「確認婚姻關係存在」相關訴訟。

離婚就可請求對方支付贍養費嗎？

　　豪門家庭生活總是令一般民眾關注，但是豪門夫妻如果鬧離婚，離婚條件更是容易成為市井小民閒聊的話題，諸如某企業第二代的小開支付前妻新台幣1億元的贍養費的新聞，如此高額的贍養費實令一般上班族難以想像。所以離婚後，經濟上較優勢的一方一定要支付對方贍養費嗎？

 法院實際案例分享
案例一

　　元朗跟晴雪結婚後，晴雪辭去工作，專職在家中照顧2名未成年子女。後來，晴雪患了精神疾病，元朗雖一直用心照顧晴雪，但晴雪的病況還是日益惡化無法治療，元朗擔心2名子女成長受到影響，就以晴雪患有重大不治精神病為由，向法院訴請裁判離婚。晴雪因為辭去工作多年，不但沒有積蓄，也因為病情需要就醫，生活開銷負擔極大，晴雪可否請求元朗支付生活所需的贍養費？

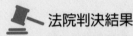 **法院判決結果**

高等法院96年家上更（一）字第9號民事判決

按夫妻無過失之一方，因判決離婚而陷於生活困難者，他方縱無過失，亦應給與相當之贍養費。民法第1057條定有明文。可知因判決離婚而陷於生活困難之無責配偶，可向他方請求給與贍養費。惟民法第1052條第1項第8款之離婚原因係基於目的主義而設，不問夫妻一方罹患重大不治之精神病係出於遺傳或後天造成，亦不問發病在婚前或婚後，更不問是否可歸責於離婚請求人之原因而患之，只要有此事由，足以破壞夫妻共同生活之圓滿，即可為離婚之原因（最高法院74年度台上字第1958號判決要旨參照）。準此，在法院判准夫妻之一方依民法第1052條第1項第8款規定請求離婚者，既不問夫妻有無過失，則一方請求他方給與贍養費者，自不問其是否為無責配偶，以免造成除去婚姻後生活之不安。反訴原告在兩造同居期間且經反訴被告照顧之情形下，其病情竟日益惡化達重大精神病之程度，亦難謂反訴原告為有過失之一方。又反訴原告因罹患慢性精神病，毫無謀生能力，且無所得及財產，有稅務電子閘門財產所得調件明細表可稽，堪認其因判決離婚而陷於生活困難，依上開說明，反訴原告請求

反訴被告給與贍養費，洵屬有據。

經審酌認為反訴被告應給與反訴原告之贍養費以每月10000元為適當，以平均餘命28.77年定（反訴原告）餘命。準此，反訴被告應一次再給與之贍養費，依年別5%複式霍夫曼計算法合計為1624101元。

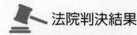

法院實際案例分享
案例二

　　永康跟家妮談好要兩願離婚，二人簽立了離婚協議書，永康在協議書中承諾離後二年內，每月支付要支付家妮生活費新台幣一萬元。但永康只付了二個月後就開始反悔，永康主張生活費的約定是對家妮的贈與，對於後續未支付的款項主張撤銷贈與。家妮起訴請求永康依離婚協議的約定支付生活費，家妮的主張有理由嗎？

法院判決結果

高等法院100年家上易字第50號民事判決

按民法第1057條之贍養費之請求權，固係於判決離婚而陷於生活困難者始得依該條規定為請求，惟上開贍養費，乃為填補婚姻上生活保持請求權之喪失而設，最高法院87年度臺上字第128號、96年度臺上字第269號及96年度臺上字第1573號

即持此見解，是於兩願離婚時，基於契約自由原則，非不得經由離婚協議就贍養費之給付為約定。被上訴人主張依上開離婚協議書第2條規定，上訴人應自99年11月起，按月給付生活費1萬5000元予被上訴人，如有一期未履行，全部生活費債務視為到期，惟上訴人未依約履行，僅於99年11月11日給付1萬元等情，為上訴人所不爭執，如上所述，從而依上開離婚協議書第2條之約定，上訴人自99年11月起，應按月給付之生活費視為全部到期，扣除上訴人已給付之1萬元，上訴人應再給付99萬元。是被上訴人請求上訴人給付生活費99萬元為有理由，應予准許。

觀諸該第2條約定：「男方（即上訴人）願自99年11月起按月給付『生活費』新台幣（下同）壹萬伍仟元予 女方（即被上訴人）。」明白約定此給付係生活費至明。系爭生活費之約定，顯屬兩造合意用以填補被上訴人因兩願離婚而喪失之婚姻上生活保

法條停看聽

贈與，係指一方約定以自己財產無償給與他方，他方允受的契約。成立贈與契約的當事人身分並無特別限制，但贍養費則專指夫妻間婚姻關係解消後，一方為照顧他方生活之目的而支付的費用，所以贍養費具有夫妻扶養義務延長的特質，跟一般的贈與契約不同。

持請求權而為約定，顯非本於贈與之意思，自難認該給付生活費之約定有贈與之性質，自無民法第408條第1項關於撤銷贈與規定之適用。

別讓你的權利睡著了

離婚分為「兩願離婚」跟「裁判離婚」，我國民法對於贍養費的規定只有一條法條，即民法1057條「夫妻無過失之一方，因判決離婚而陷於生活困難者，他方縱無過失，亦應給與相當之贍養費 。」也就是說，只有在請求法院裁判離婚的案件中，對於造成離婚原因無過失的一方，如果因為判決離婚將致日後生活陷於困難，無過失的一方可以請求他方給與相當的贍養費。因此並非所有離婚事件皆可適用請求贍養費，更不是以婚姻關係中較為有資力的一方即負有給付贍養費的義務。

依法院的見解，民法第1057條所定之贍養費，乃是夫妻間扶養義務之延長，是為填補婚姻上生活保持請求權之喪失而設，我國法院核定贍養費的標準，會斟酌請求人之身分、年齡及自營生計之能力與生活程度，以及針對相對人之財力狀況綜合判斷，在維持請求人生活所需範圍內核定數額。所以判決金額通常是以每月大約1、2萬的生活費為計算。

如果夫妻協議兩願離婚者，法律上並無應支付贍養費的規

定，但是基於契約自由原則，只要夫妻雙方離婚時經過討論磋商並表示同意，則在離婚協議書內載明支付贍養費的約定自屬有效，簽約的當事人自有依約履行的義務。

> **律師小學堂**
>
> 依我國民法的規定，要主張法律依據請求對方支付贍養費僅限於裁判離婚，而且必須符合法定的要件，並不容易。如果夫妻是兩願離婚，法律並未規定有給付贍養費的義務，如果夫妻之一方考量日後生活經濟問題，要兩願離婚前，建議在離婚協議書上可以事先約明贍養費的金額以及支付方式，如此日後才有請求的依據。

離了婚，
可以向對方要其名下一半財產？

　　國外的新聞案例中，常有許多大明星或企業名人，婚姻觸礁後竟然要將一半的身家財產付給離婚的另一半，記者報導時往往估算的數字高達美金上千萬或是上億元，令人咋舌。這是因為各國法制不同。以美國為例，美國各州各有不同的離婚法律，例如美國加州因為有許多明星住居在該州，依該州的法律規定，夫妻結婚後的共有財產，在離婚時必須夫妻二人平分。但是，依照中華民國法律規定，到底夫妻離婚後的財產要怎麼處理呢？

 法院實際案例分享

　　勝利跟美女結婚10年，剛結婚時夫妻一起開了間貿易公司，公司經營狀況不錯，也買了一棟房子，但後來美女誤交損友，經常花錢買一些朋友介紹的珠寶首飾，但後來才知道都是贗品，賠了不少錢，夫妻因為此事經常爭吵，但美女屢勸不聽，總是亂花錢，勝利後來外遇，美女因此訴請法院裁判離婚，並請求勝利應結算貿易公司的價值，分配一半金額給美女，但勝利主張美女揮霍成性，已經造成公司損失，認為美女不能請求貿易公司的價值的一半，勝利跟美女誰的主張較有理由呢？

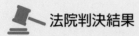
法院判決結果

高等法院97年家上字第263號民事判決

法定財產制關係消滅時,夫或妻現存之婚後財產,扣除婚姻關係存續所負債務後,如有剩餘,其雙方剩餘財產之差額應平均分配。但下列財產不在此限:一、因繼承或其他無償取得之財產。二、慰撫金。依前項規定,平均分配顯失公平者,法院得調整或免除其分配額。民法第1030條之1第1、2項定有明文。再按74年6月3日新增上開法條之立法理由,係因聯合財產關係消滅時,以夫妻雙方剩餘財產之差額,平均分配,方為公平,亦所以貫徹男女平等之原則。例如夫在外工作,或經營企業,妻在家操持家務、教養子女,備極辛勞,使夫得無內顧之憂,專心發展事業,其因此所增加之財產,不能不歸功於妻子之協力,則其剩餘財產,除因繼承或其他無償取得者外,妻自應有平均分配之權利,反之夫妻易地而處,亦然。惟夫妻一方有不務正業,或浪費成習等情事,於財產之增加並無貢獻者,自不能使之坐享其成,獲得非分之利益。此際如平均分配,顯失公平,應由法院酌減其分配額或不予分配。

最高法院98年台上字第768號民事判決

次按夫妻因判決而離婚者，請求分配剩餘財產訴訟，法院計算夫妻雙方剩餘財產之差額時，依新修正民法第1030條之1第1項之規定，須先將夫妻於婚姻關係存續中（即結婚之後）各自所取得而現存財產，予以確定，再扣除其於婚姻關係中所負擔債務及因繼承或其他無償取得之財產、慰撫金，由此計算夫妻各自之剩餘財產，再比較其剩餘之多寡，算定其差額，平均分配，惟夫妻一方於財產之增加並無貢獻者，自不能使之坐享其成，獲得非分之利益，如平均分配，顯失公平，始適用同條第2項之規定，法院得調整或免除其分配額。

法條停看聽

夫妻結婚時，如果未另外書面契約約定採用何種夫妻財產制，則以「法定財產制」為其夫妻財產制。法定財產制關係消滅時（例如，離婚即為法定財產制關係消滅的原因之一），就會發生民法第1030條之1所規定的「夫妻剩餘財產分配請求權」，要注意的是，法條規定的請求權有時效限制，請求權人應在「知有剩餘財產之差額時起，二年內行使」，而且不能超過「法定財產制關係消滅時起五年」。

別讓你的權利睡著了

夫妻離婚，不但失去身分上的夫妻關係，財產上也會造成「夫妻財產制關係消滅」，此時夫妻間的財產，就得依其所適用的夫妻財產制規定處理。如果讀者在結婚時並沒有以書面跟配偶約定夫妻財產制，則依法適用「法定財產制」。

民法第1030條之1第1項、第2項規定，「法定財產制關係消滅時，夫或妻現存之婚後財產，扣除婚姻關係存續所負債務後，如有剩餘，其雙方剩餘財產之差額，應平均分配。但下列財產不在此限：一、因繼承或其他無償取得之財產。二、慰撫金。」「依前項規定，平均分配顯失公平者，法院得調整或免除其分配額。」

可知，依法律規定，是先將夫妻各自財產分別計算，再將二人財產相減得出差額，由財產較多的一方給付差額的半數給他方。一般不諳法律的讀者，誤以為是可以直接向他方配偶請求其財產的一半，這種理解是錯誤的。

法院計算夫妻雙方剩餘財產之差額時，是先將夫妻結婚之後各自所取得而現存財產，予以確定，再扣除夫妻在於婚姻關係中所負擔債務及因繼承或其他無償取得之財產、慰撫金，由此計算夫妻各自之剩餘財產，再比較其二人財產相減之差額，就差額的部分平均分配。

　　但現實生活中，有的夫妻對各自財產的管理使用並不相同，如果一視同仁分配差額，可能就會發生像案例中勝利跟美女的爭執。

　　案例中的勝利外遇構成法定離婚事由，但是勝利辛勞工作增加了他個人的資產，反觀美女因為隨意花費金錢，以致名下都沒有資產，勝利主張以二人的剩餘財產差額平均分配，對勝利不公平，請求法院酌減美女請求的夫妻剩餘財產分配數額，此法院會審酌勝利跟美女對夫妻財產的貢獻程度，依具體個案認定是否酌減或者不予分配。

📌 律師小學堂

如果夫妻是適用分別財產制、共同財產制的，就不會適用到民法第1030條之1的「夫妻剩餘財產分配請求權」，讀者提出主張時，要先確認清楚自己所適用的夫妻財產制是哪一種種類。

先生外遇，還將其名下房產贈與小三，該怎麼辦？

　　夫妻相處之道學問大，但若婚姻關係中出現了第三者，難免因此走向離婚之路。現實的案例常有聽聞，某夫妻的一方發現他方不但有了外遇，而且還贈與大量金錢甚至不動產給第三者，對元配而言，真是情何以堪。此時，元配有什麼方法可以基本的保障自己的權利呢？

 法院實際案例分享

　　心怡發現了她的先生智宏有外遇，心怡想要提出離婚訴訟一併請求夫妻剩餘財產分配，結果心怡在整理智宏財產資料時，赫然發現智宏最近剛把他名下的一間房子過戶給陌生女子，該女子就是智宏的外遇對象，心怡感到十分氣憤，心怡要怎麼保護自己財產上的權利？

 法院判決結果

高等法院98年重上字第178號民事判決

上訴人主張智宏將系爭房地過戶予他人未實際獲得對價，係

於婚姻關係存續中，就其婚後財產所為之無償行為，有害及法定財產制關係消滅後他方之剩餘財產分配請求權者，依民法第1020條之1第1項聲請法院撤銷，洵屬有據，應予准許。

法條停看聽

無償行為，也就是指沒有獲得對價的行為，像「贈與」就是無償行為的一種；有償行為，指該行為當事人間互負有對價關係，例如買賣、互易。

別讓你的權利睡著了

民法第1020條之1第1項規定，「夫或妻於婚姻關係存續中就其婚後財產所為之無償行為，有害及法定財產制關係消滅後他方之剩餘財產分配請求權者，他方得聲請法院撤銷之。」所以，只有夫妻之一方於「法定財產制」關係存續中所為的無償贈與行為，他方才能聲請法院判決撤銷該無償行為。

此外，民法第1020條之2規定，前條撤銷權，自夫或妻之一方知有撤銷原因時起，六個月間不行使，或自行為時起經過一年而消滅。以案例來看，心怡如果發現了智宏將房屋無償過戶給陌生女子，應在「知悉後」六個內向法院提出撤銷訴訟，且該訴訟係以智宏及該名陌生女子為共同被告。但要注意，依法條規定，「自（無償）行為時起經過一年就不得撤銷」，所以如果智宏的

贈與行為是在一年多以前完成，則心怡知道後也無法主張撤銷。

要怎麼及時發現他方配偶有這種無償行為呢？因為我國稅務實務上夫妻是合併報稅，所以心怡可以合法向國稅局申請調閱前一年度的夫妻財產清單，如果心怡發現丈夫的財產有顯著的減少，就應該依法及時提出訴訟主張。

律師小學堂

有的夫妻之間雖然沒有第三者，但可能有些配偶會經常花費高額開銷在其他親友身上，致元配感到擔心，如果該配偶中一方的花錢如流水，構成不當減少其婚後財產情者，則他方配偶即可依民法第1010條第1項第5款規定，「夫妻之一方因不當減少其婚後財產，而對他方剩餘財產分配請求有侵權之虞時，法院得他方之請求，宣告改用分別財產制。」向法院聲請宣告改採分別財產制。

提出訴請判決離婚，但法院判決隔了多年，要以哪個時點計算婚後財產的價值？

離婚官司不僅僅涉及夫妻當事人雙方的身分關係，通常也伴隨子女監護權歸屬、夫妻剩餘財產的請求，法院受理訴訟到做出判決，往往要三年五載，在訴訟期間，夫妻二人的財產當然會發生變化，那麼要以哪個時點計算夫妻「婚後財產」的價值呢？

 法院實際案例分享

玉英跟正雄二人婚後感情不睦，爭吵多年，玉英乃向法院訴請裁判離婚，正雄知道玉英提出離婚訴訟後，也另外提出離婚的反訴。後來在訴訟程序中二人受到法院調解而協議離婚。但二人彼此都有向對方請求夫妻剩餘財產分配，法院要以哪個時間點計算玉英跟正雄各自的「婚後財產」？

 法院判決結果

台灣高等法院100年家上易字第21號民事判決

按民法第1030條之4第1項規定，夫妻現存之婚後財產，其價值計算以法定財產制關係消滅時為準，但夫妻因判決而離婚

者，以起訴時為準。此但書之立法理由為「夫妻一旦提起離婚之訴，其婚姻基礎既已動搖，自難期待一方對於他方財產之增加再事協力、貢獻，是夫妻因判決而離婚，其婚後財產範圍及其價值計算基準，以提起離婚之訴時為準。」查玉英於95年 2月7日提起離婚之訴，兩造間婚姻之基礎顯已動搖，難以期待一造對於他造財產之增加再事協力、貢獻。兩造嗣後雖以訴訟上和解方式成立離婚協議，並據以完成離婚登記，而非經法院判決離婚，但因兩造間有同於上開立法理由之事實存在，本院認為應類推適用上開規定，以95年2月7日玉英提起離婚之訴時，為計算兩造現存婚後財產價值之時點。

法條停看聽

雖然法條規定是「判決離婚」的夫妻，其適用法定財產制計算的婚後財產時點以「提起離婚之訴時」計算。但是如果夫妻二人本來訴請裁判離婚，在訴訟過程中經過調解而達成離婚協議，但對該夫妻而言，其等提出離婚訴訟的時點後，雙方很難再對婚姻財產提出積極貢獻，所以法院判決認為應「類推適用」裁判離婚的規定，來計算雙方婚後財產的價值。

別讓你的權利睡著了

民法第1030條之4第1項規定，夫妻現存的婚後財產價值，夫妻因判決而離婚時，其以起訴時為準。所以，如果夫妻是協議離婚，即以離婚登記之日認定夫妻各自的婚後財產價值，但是，如果是因法院判決而離婚，因為提出離婚訴訟的時點跟法院判決離婚的時間，二者長有數年的差距，此時，夫妻婚後財產範圍及其價值計算基準，以提起離婚之訴時為準。

另外要注意民法第1030條之3的規定，「夫或妻為減少他方對於剩餘財產之分配，而於法定財產制關係消滅前五年內處分其婚後財產者，應將該財產追加計算，視為現存之婚後財產。但為履行道德上義務所為之相當贈與，不在此限。前項情形，分配權利人於義務人不足清償其應得之分配額時，得就其不足額，對受領之第三人於其所受利益內請求返還。但受領為有償者，以顯不相當對價取得者為限。前項對第三人之請求權，於知悉其分配權利受侵害時起二年間不行使而消滅。自法定財產制關係消滅時起，逾五年者，亦同。」

也就是說，如果配偶之一方惡意處分其名下財產，以減少他方對剩餘財產之分配，受損害之一方可以主張追加計算他方五年前處分其婚後財產的數額，視為其現存的婚後財產。

例如，玉英早就有意離婚，在三年前先將名下房屋以低於市

價500萬元的金額賣給自己親友，過了三年才提起離婚訴訟，此時，正雄就可以請求法院在計算玉英現存的婚後財產中，加計玉英之前故意減少財產價值的500萬元為玉英的現存婚後財產。

律師小學堂

簡單來說，夫妻如果協議離婚，其法定財產制中的「婚後財產」，就是夫或妻婚後財產（不包括婚後因繼承或無償取得的財產、慰撫金），加上夫妻各自婚前財產或婚後財產相互補償計算後所得的數額。

附錄

以下為各地法律扶助基金會及家暴中心的聯絡電話，如果對於婚姻或家暴有任何的疑問，都可以尋求這些法律管道，獲得及時的協助。

單位名稱	電話	地址
113保護專線	113	
台北市家庭暴力暨性侵害防治中心	(02)2396-1996 或市民專線1999	台北市中正區新生南路一段54巷5弄2號
台中市家庭暴力暨性侵害防治中心	(04)2228-9111 #38800	台中市豐原區陽明街36號3樓
高雄市家庭暴力暨性侵害防治中心	(07)535-5920	高雄市苓雅區民權一路85號10樓
財團法人法律扶助基金會總會	(02)2322-5255	台北市大安區金山南路二段189號5樓
財團法人法律扶助基金會基隆分會	(02)2423-1631	基隆市仁愛區忠一路14號11樓
財團法人法律扶助基金會台北分會	(02)2322-5151	台北市大安區金山南路二段200號6樓
財團法人法律扶助基金會士林分會	(02)2882-5266	台北市士林區文林路338號7樓之2
財團法人法律扶助基金會板橋分會	(02)2252-7778	新北市板橋區文化路一段268號10樓
財團法人法律扶助基金會桃園分會	(03)334-6500	桃園縣桃園市縣府路332號12樓
財團法人法律扶助基金會新竹分會	(03)525-9882	新竹市北區北大路180號3樓A室
財團法人法律扶助基金會苗栗分會	(037)368-001	苗栗縣苗栗市中正路1097-1號1樓
財團法人法律扶助基金會台中分會	(04)2372-0091	台中市西區忠明南路497號7樓A室（國泰忠明大樓）
財團法人法律扶助基金會彰化分會	(04)837-5882	彰化縣員林鎮新興里萬年路三段236號1樓
財團法人法律扶助基金會南投分會	(049)224-8110	南投縣南投市復興路76號
財團法人法律扶助基金會雲林分會	(05)636-4400	雲林縣虎尾鎮新興路116號6樓
財團法人法律扶助基金會嘉義分會	(05)276-3488	嘉義市東區中山路107號2樓
財團法人法律扶助基金會台南分會	(06)228-5550	台南市中西區忠義路二段14號8樓
財團法人法律扶助基金會高雄分會	(07)269-3301	高雄市苓雅區海邊路29號26樓之2
財團法人法律扶助基金會屏東分會	(08)751-6798	屏東縣屏東市棒球場57-1號2樓
財團法人法律扶助基金會宜蘭分會	(03)965-3531	宜蘭縣五結鄉鎮安村二結路351號
財團法人法律扶助基金會花蓮分會	(03)822-2128	花蓮市順興路12-1號
財團法人法律扶助基金會台東分會	(089)361-363	台東市浙江路71號
財團法人法律扶助基金會澎湖分會	(06)927-9952	澎湖縣馬公市中華路100號
財團法人法律扶助基金會金門分會	(082)375-220	金門縣金城鎮民權路174號
財團法人法律扶助基金會馬祖分會	(0836)26881	連江縣(馬祖)南竿鄉介壽村14之2號

過好日該知道的法律權利

國家圖書館出版品預行編目資料

過好日該知道的法律權利／張建鳴、莊佳樺著.
 -- 初版 .-- 臺北市 ： 商周出版：家庭傳媒城邦
 分公司發行，民 103.11
　　　面；　公分

ISBN 978-986-272-685-3 （平裝）

1. 親屬法　2. 婚姻法　3. 論述分析

584.4　　　　　　　　　　　　103020859

作　　　者／張建鳴、　莊佳樺
企畫編輯／張曉蕊
校　　　對／吳美滿
版　　　權／黃淑敏、　翁靜如
行銷業務／周佑潔、　張倚禎

總 編 輯／陳美靜
總 經 理／彭之琬
發 行 人／何飛鵬
法律顧問／台英國際商務法律事務所 羅明通律師
出　　　版／商周出版
　　　　　　臺北市 104 民生東路二段 141 號 9 樓
　　　　　　電話 ： (02) 2500-7008　傳真 ： (02) 2500-7759
　　　　　　E-mail: bwp.service @ cite.com.tw
發　　　行／英屬蓋曼群島商家庭傳媒股份有限公司　城邦分公司
出　　　版／臺北市 104 民生東路二段 141 號 2 樓
　　　　　　讀者服務專線 ： 0800-020-299　24 小時傳真服務 ： (02) 2517-0999
　　　　　　讀者服務信箱 E-mail: cs@cite.com.tw
　　　　　　劃撥帳號 ： 19833503　戶名 ： 英屬蓋曼群島商家庭傳媒股份有限公司城邦分公司
訂購服務／書虫股份有限公司客服專線 ： (02) 2500-7718；2500-7719
　　　　　　服務時間 ： 週一至週五上午 09:30-12:00 ；下午 13:30-17:00
　　　　　　24 小時傳真專線 ： (02) 2500-1990；2500-1991
　　　　　　劃撥帳號 ： 19863813　戶名 ： 書虫股份有限公司
　　　　　　E-mail: service@readingclub.com.tw
香港發行所／城邦 （香港） 出版集團有限公司
　　　　　　香港灣仔駱克道 193 號東超商業中心 1 樓
　　　　　　E-mail: hkcite@biznetvigator.com
　　　　　　電話 ： (852) 25086231　傳真 ： (852) 25789337
馬新發行所／城邦 （馬新） 出版集團
　　　　　　Cite (M) Sdn. Bhd. (45837ZU)
　　　　　　11, Jalan 30D/146, Desa Tasik, Sungai Besi, 57000 Kuala Lumpur, Malaysia.
　　　　　　電話 ： (603) 9056-3833　傳真 ： (603) 9056-2833　E-mail: citekl@cite.com.tw

內文排版／綠貝殼資訊有限公司
印　　　刷／韋懋實業有限公司
總 經 銷／高見文化行銷股份有限公司　新北市樹林區佳園路二段 70-1 號
　　　　　　電話 ： (02)2668-9005　傳真 ： (02)2668-9790　客服專線 ： 0800-055-365
行政院新聞局北市業字第 913 號

■ 2014 年 (民 103) 11 月初版
定價 280 元

城邦讀書花園
www.cite.com.tw